JN087735

人類の試練と地球神の導き

地球を包む愛

RYUHO OKAWA
大川隆法

地球を包む愛　目次

第1章　地球を包む愛

――天御祖神の教えと真の世界正義――

二〇二一年十二月十四日　説法
埼玉県・さいたまスーパーアリーナにて

3　「あの世を信じる心」はなぜ大切なのか　27

第2章　地球神エル・カンターレとは

――『信仰の法』講義――

二〇一八年一月七日　説法

東京都・幸福の科学 東京正心館にて

第3章 光を選び取れ

——世の中のために尽くす人生を選べ——

二〇二〇年三月十四日 説法
宮城県・幸福の科学 仙台正心館にて

本書には、幸福の科学・大川隆法総裁がさいたまスーパーアリーナで二〇一二年十二月十四日に説かれた「地球を包む愛」、東京正心館で二〇一八年一月七日に説かれた「『信仰の法』講義」、および仙台正心館で二〇二〇年三月十四日に説かれた「光を選び取れ」が収録されています。

第1章

地球を包む愛

――天御祖神の教えと真の世界正義――

二〇二一年十二月十四日　説法

埼玉県・さいたまスーパーアリーナにて

1　世界の隅々まで教えを行き渡らせたい

今日の話が、今年の百二十回目の説法になります。トータルでは三千三百六十九回目だとのことです。

ということで、来年、三千五百回いけるかどうか、一つの目標になっておりますし、本のほうも二千九百冊を超えて出ておりますので、来年三千冊に到達するかどうか、一つの目標になっています（会場拍手）（編集注。説法当時。二〇二二年五月発刊の『自分を鍛える道』〔幸福の科学出版刊〕で三千書を突破）。

延々とやっているわけでございますが、ありがたいことです。みなさん、簡単には悟ってくださらないし（会場笑）、私の法も簡単には広がりませんし、本はたくさん出して二千九百冊以上積み上げたら、読む気がする人がいるかどうかは定かではありませんが、それでも、どの一作、一冊がお手元に届くか分かりません。どの一作があなたがたを導くことになるか分からないし、海外の方々もまったく違った種類の本に関心を示しておられます。

だから、私の努力に終わりはありません（会場拍手）。ありがとうございます。

先ほどから、映画ではやや日本神道的な色彩のある、次の映画（「愛国女子―紅武士道」（制作総指揮・原作　大川隆法））の宣伝を兼ねた音楽等も出ております（編集注。本法話の事前プログラムとして、映画の主題歌「愛国女子は往く」の歌唱があった）。

今回、（生誕の地として）日本という地を選ばせていただきましたけれども、私の心は、現在、日本語で話してはおりますが、はるかにこの国を超えて、「世界の隅々まで教えを行き渡らせたい」と思っております。

今日は全世界三千五百カ所で衛星中継になっておりますけれども、インドとかネパールとかでは国営放送のテレビで何度もかけられますので、実は日本で聴いている人よりもはるかに多くの方が私の話を聴くことになります。ですから、本当は英語かヒンディー語でしゃべらなければいけないところなのですが――、どんな訳になっているかは知らないけれども、現地の翻訳でやってもらうしかございません。ただ、親切なことに、「聴き逃す人がいるので繰り返しかかる」そうなので、やっているうちに分かってくる方もいると思います。

また、日本も時間的には何カ月か遅れることが多いのですけれども、地方局ではありますが数局、だいたい五、六局ぐらいのテレビ局では、私の御生誕祭とエル・カンターレ祭の法話は流してくださっています。近県の方も合わせれば、かなりの数の方が観てくださっています。

ですから、私は目の前に座っておられるみなさんを、いちおう念頭に置いてお話をいたしますけれども、この話はずっといろいろな所に広がっていって、当会の予定しているところでは、最終的に来年の三月末ぐらいまでかかって聴く人がいるとのことであります。ですから、内容的に時事的なものだけではあってはならず、一般的な、あるいは普遍的な内容も含んでいなければならないものだと考えています。

2　天御祖神（あめのみおやがみ）から始まった日本文明

日本の宗教的源流は「三万年前の天御祖神の降臨（こうりん）」から始まる

さて、先ほどから「天御祖神（あめのみおやがみ）」という言葉が出てきております（編集注。本法話の前に、奉納曲映像として「天御祖神の降臨」が上映された）。日本神道（しんとう）のなかでも、知っている方はそう多くはないと思います。

というのも、日本での日本神道というのは、鳥居がある神社の信仰（しんこう）ですけれども、日本の土着信仰でありますが、日本神道そのものが「日本の歴史を三千年弱、二千七百年程度までしか遡（さかのぼ）れない」という認識を持っています。まあ、記録が十分にありませんので、それはしかたがないことでもあるのかもしれません。

私は二〇一五年ぐらいから公開しておりますけれども、「実は、日本文明というのは、今から約三万年ほど前に天御祖神という方が、今の富士山がある所の近くに、宇宙より降臨したところから始まっている」ということを何冊かの本で説いております。

今日も、天気は悪かったのですが、遠くには埼玉県から富士山が見えておりました。あの富士山の近くに「第二富士」があったのです。

富士山に似た形ですが、少し小さい、小ぶりな第二富士がありまして、三万年前に天御祖神が、いわば「天鳥船」という宇宙船ですけれども、これでアンドロメダ銀河から降臨してきたとき、この第二富士の上に着陸したので、重みで第二富士が潰れました。そして、裾野の広い丘のような形になっています。そのとき飛来したものの一部は、まだ富士の裾野から静岡県側のほうに埋まっているものもありますので、これはいずれ明らかにしたいというふうに思っております。

何が言いたいかと申しますと、日本に流れる宗教的思想、その源流は、考えている「三千年」という流れではなくて、その十倍、「三万年」前から実は始まっているということです。この中身について、今日、一部は触れたいと思ってはおりますが、それは「日本的な宗教」で、「日本のみで信じられた宗教」という意味ではありません。

今から三万年前、この日本列島というのは海に囲まれた小さな島ではなくて、南のほうも北のほうも、大陸のほうと一部つながっておりましたので、人の交流も動物の交流もございました。

ですから、三万年前の天御祖神の教えは、姿形を変えてユーラシア大陸のほうにも広がっていきました。その内容を細かくお教えするには、もう少し時間がかかるかとは思いますが、その事実だけをまず述べておきたいというふうに思います。

「日本という小さな島国に大陸のほうから人が渡ってきて文化が伝わった」とか、「南のほうから島伝いにカヌーで人類が来て日本文明ができた」とか、まあ、だいたいそんなところが言われていることであろうと思いますけれども、私が言っていることは根本的に違っている内容になっています。

ただ、この天御祖神という存在自体は、『古事記』『日本書紀』には出てきませんけれども、それより前に編纂された『ホツマツタヱ』という昔の歴史書には出てまいります。おそらく、『古事記』『日本書紀』という日本の歴史書は八世紀の初めぐらいにつくられたものですけれども、この『ホツマツタヱ』に書かれている天御祖神の姿はどう新しく見ても紀元四世紀ぐらいで、実際はもうちょっと前と推定されているので、二世紀に入るころに、だいたい内容は成立していたのではないかというふうに思われます。

ですから、天御祖神の教えがかたちとして編纂されたのは――、キリスト教の

『聖書』は「イエスが紀元前四年に生まれて、紀元三〇年ぐらいに亡くなられて、紀元七〇年ぐらいでユダヤ民族そのものがマサダの砦で滅びて、それから、だいたい二世紀に入るころぐらいまで、一世紀の終わりから二世紀に入るころに口伝、口で伝えられた教えが編纂されたものだ」とキリスト教では思われていますが、だいたいその同じ時期に、日本でも記録としては遺っていたもので、その前から伝承としては伝えられていたというふうに考えていいと思います。

内容については膨大になりますので、簡潔に述べるのみにいたします。そのときに教えた教えの幾つかは日本的な特徴を持っていますが、日本を超えたところにも十分通用する内容を持っております。今日はそれをご紹介しながら、「地球を包む愛」にまで話を伸ばしていければ幸いかなというふうに考えております。

もう、その姿をお話しするよりは、おそらくは映像か何かで観られたほうがよろしいかと思いますけれども、三万年前に富士山の麓に降り立った、当時の日本人のもとになる人たちの数は、およそ二十万人と言われております。

ですから、船の数もそうとう多かったと思われます。数百隻以上の船で来ていると思います。これについては、いずれ詳しくまたお話しすることはあると思います。

天御祖神は体が大きかったので、当時はちょっと、地上になじむのは大変で、そのへんの調整は苦労されたようであります。ただ、その教えの中心は、今も片鱗としては伝わっています。

天御祖神が説いた「神の子の人間として正しく生きる」とは

・大事な柱としての「正しく生きよ」の教え

一つ言わなければならないことは、「神の子・仏の子としての人間、神の子の人間として生きるということは、正しく生きるということである」ということです。これが大事な柱でした。ただこの世に生存すればよいということではないのだということです。食料を得て、この地上に生きればよいのだということではないのです。「正しく生きよ」と言ったのです。

ですから、「正しく生きるとは何か」を考えることが、人間としての自己の探究であったわけです。

・「男女、相対的に暮らしているなかで魂を磨き合え」という教え

それから、男性と女性に対しても異なる教えを説きました。

男性に対しては、現代の男性にも通用すると思いますが、「男らしくありなさい」ということを言いました。

「男らしくあれ」ということはどういうことか。それは、「自分のみの欲得や利

益のために姑息に生きるのではなくて、多くの人々を生かすために体を張り命を張り、そして、嘘や偽りは述べず、人を騙すことなく、正々堂々と生きよ」ということです。男性に対しては、そういうことを言いました。

今の男性で、答えられますか。「そのとおりだ。そう生きている」と言い切れますか。まあ、せいぜい一割ぐらいでしょう。でも、少し〝バブル〟が入っていると思います。一割でも〝バブル〟が入っていると思います。

では、一方、女性に対してはどうであるか。女性に対しても、優しくはあったが、ある意味での厳しさは持っていました。

「女性であるということは、人類をこの地上で魂修行させ続けるために、どうしても必要な機能であるのだ。だから、男性だけとか女性だけの世界を創ればシンプルな世界ができるけれども、男女を創ったことにより、この世の生き方は複雑になり、その調整も難しくなる。家庭を維持したり子孫を残したりすることも、困難なことになる。しかし、この複雑な問題集を解きながら、共に手を携えて理想的な国をつくっていくべく努力しなさい」――そういうことを言いました。

私の今の目から見れば、当時の女性たちに対しても、今で言えば、本当にごく少なくなってきた、肝の据わった女性を求めていたように感じられます。ですから、不良、非行、怠け者の息子たちに対して、ガシッと叱れるようなお母さんでなければ許してはくれなかったし、働かずゴロゴロしているような亭主は許さない。ガツンと一発、気合いを入れないといけない。

それから、「男を男にするのは女性の仕事でもあるんだ」という気持ちも持っていたし、当時の女性もかなり強かったので、のろのろしている男性は「もう引っ込んでろ！」というような感じで、女性が前に出て戦うこともありました。頭がいい女性もいれば、俊敏な女性も、いつの時代もいますから。

そういう意味で、「男女、相対的に暮らしているなかで、魂を磨き合え」ということを教えました。

・「武士道」の始まりとしての「魂を穢さない生き方」

さらに、宗教的な教えとしては、「礼儀」、「礼節」ということの大切さです。「この地上にあるものがすべてだと思うな」ということは、もうキチッと言っていました。

「本当の世界というのは、この地上を去った霊天上界なのだ。そして、この地上に生きる寿命は限られているけれども、あの世に還ったあと、この世に生きた時代を悔やむような生き方をしてはならない」ということを常々、言っておりました。「恥ずかしい生き方をするでない」ということです。

「人間として立派に生きなさい。人から見られて、恥ずかしい生き方をしてはならない。むしろ、この地上に生きている間は、ほんの短い期間にしかすぎないので、その短い期間に、生きている間に堕落したり、自分の魂を穢したりするようなことをしてはならない」ということを言っていました。

このへんに「武士道の始まり」があるというふうに思います。

3 「あの世を信じる心」はなぜ大切なのか

「武士道がある日本の思想は、中国の孔子の思想をも超えていた」と言った李登輝元台湾総統

二〇一九年でしたが、私は台湾に講演に行きました。「淡水」という所に李登輝さんの実家があるので、そちらのほうも講演会の翌日には行ってきたのですけれども、元台湾総統の李登輝さんの書物のなかにはとても面白い一節が書かれていました。

それはこういうことです。

李登輝さんは、「日本の思想というのは、中国の孔子の思想をはるかに凌いで

いる」ということをはっきりと言っていました。これを私が読んだのは、この方が書いたものが初めてです。

それは、「孔子の思想は『論語』を中心に幾(いく)つかありますけれども、『論語』のどこを読んでも『あの世の世界』について書いていない、『死後の世界』について書いていない」ということです。そして、それを問われても、「未(いま)だ生(せい)を知らず、焉(いずく)んぞ死を知らんや」――いまだ、この人生を生きるということの意味が分からない、この人生の意味が分からない自分が、どうして死後の世界のことが分かるだろうかというようなことを、確かに、『論語』のなかで孔子は答えています。

これを捉(とら)えて、李登輝さんは、「日本には武士道がある。少なくとも、江戸時代には山本常朝(やまもとじょうちょう)という人が『葉隠(はがくれ)』という本を書いて、『武士道とは死ぬことと見つけたり』という言葉を遺(のこ)している」というようなことを言っています。

もちろん、死ぬこと自体が目的ではありませんけれども、「この世の寿命というのが本当に短いものであって、はるかに長い人生を生きているなかで、この世に下りてきて何十年かの人生を生き抜けていく」、そのことを考えれば、常に、自分の死のことを考え、死後のことを考えた上で、

「自分は正しい選択をしているか」

「正しく生きているか」

「人生を偽っていないか」

「他人の人生を狂わせたりしていないか」

「間違ったことをしていないか」

「正しいことをしているか」

「他の人に対して優しい行為をしているか」

「苦しい人に対して慰めを与えているか」――そういうことを、自分の死とい

うことを毎日毎日考えることによって、「この世の生」の意味、「一日一生」ということの本当の意味を悟れということです。

これが日本の武士道の意味だということで、「生きながらにして自分の死、『死して後、何を遺したか』ということを課題として生きてきた日本人は、孔子の思想をも超えていた」というようなことを、李登輝さんは言っていたのです。

唯物論の中国にとって「孔子の思想」が使いやすい理由

それは過剰なほめ方かもしれません。そこまで分かっていた人はそう多くはなかったかもしれませんが、中国という国が「孔子学院」というのを全世界につくってはおりますけれども、孔子の思想が使いやすいのは、あの世のことについて何も述べていないからです。

（孔子は）「鬼神、死んでから後の幽霊とかお化けとか、そういうものについては語らず」というようなことも言っていますけれども、これが、今の中国の唯物論思想と非常に〝相性がいい〟わけです。あの世のことを言わないのですから。

この世のことしか言わないなら、「科学万能」と「物質が潤沢である」ということ、これを目指せばいいわけですから、非常に簡単なことになります。

ただ、それはそれで大事なことだと思います。科学的技術が進化していくことも大事なことだと思うし、地上で生きていく人たちの生活が成り立つように食べ物や着る物や住居が手に入るということも大事なことだと思います。それは人生の基礎の部分です。それを無視してはならないと思います。

しかし、それをすべてだと思ったら、これは間違いだというふうに思うのです。

ですから、国是として無神論とか唯物論を立てている国もありますが、それは、「この世の後れた部分を発展させて、よりよくしていこう」というところに力をかけるということは、よいことではあるのだけれども、「この世しかないのだ」

という方向に行ったら間違いになります。

これは別に中国だけでなくて、ヨーロッパやアメリカについても同じです。アメリカなどでも、キリスト教は日曜日の教会でだけ存在して、平日の、仕事をするビジネス時間帯には、あの世のこととか宗教的なことはさておいて、目の前にある仕事だけをやって、お金儲けに邁進している人もいます。

ですから、世界的に見れば、信仰心の中身は薄くなって、「物質の豊かさ」と「お金儲け」中心の考えがはびこっていると言わざるをえないと思います。とても残念です。

小さな小さな最初の一歩ですけれども、人間が「この肉体に宿っている自分ですべてだ」と思うなら、そこでもう間違いが起きているのです。

これゆえに、教育だって間違ってきます。この世的に生きやすい教育ばかりを求めるようになっていきます。目に見える結果だけを求めていくようになります。

そして、この世で、世間の人々に認められるような地位に就いたり、土地や建物、金銭、こういうものを手に入れたら「成功した」というふうに考える人も多くなりました。

釈尊は「心と行いがその人の値打ちであり、来世の行き先を決める」と説いた

宗教的な国においても、転生輪廻を認めるなかで、「自分が現在、例えば、王様に生まれたとか、あるいは僧侶階級に生まれたとか、そういう富裕階級に生まれたのは、過去世で善行を積んだから、こんな恵まれた地位にあるのだ」というふうに説明しているところもあります。インド発の思想にはそういうものが数多くあると思います。

しかし、それは根強くありますけれども、今から二千五百年余り前に、インド

に釈尊が生まれたときに、釈尊は言ったはずです。

彼は武士階級の出身です。ですから、インドのカーストで言えば、いちばん上にはバラモン階級があって、これは僧侶階級です。神様に近いから、これがいちばん偉い。それから、クシャトリヤという王侯貴族階級があって、ヴァイシヤという商人階級があって、それから、シュードラという奴隷階級があります。大きくは四つあって、そして、それから下にアウトカースト、カーストの外側にある〝穢れのある民〟がいるということになっていたわけですが、転生輪廻を認めても、それが、「現在、そこであなたが生まれたというのは、過去世において罪を犯したから低く生まれ、過去世において徳を施したから、今、いいところに生まれているのだ」という現状肯定の思想に使われているところが多かったのです。

釈尊はこれに対して、

「人は生まれによってバラモンになるのではない。
人がバラモンになるのは行いによってである。
その行いによって、その人が何者であるかが分かるのである。
行いにおいてバラモンであるならば、その人はバラモンなのだ。
要するに、行いにおいて宗教者として生きているなら、
その人はバラモンである。
行いにおいて、たとえバラモンの生まれであっても、
刀剣(とうけん)を持って戦っているなら、それはクシャトリヤであろうし、
商売に励(はげ)んでいるならば、商人階級であろう。
行いが卑(いや)しければ、
それは、いわゆる奴隷階級であるということではないのか。
行いによってのみ、人は判断される」

と彼は説いています。

言葉を加えるとすれば、「行い」だけでは、実は十分ではありません。「心において思っていることが行動としてストレートに現れて、心と行いが一致して、そして、その「人となり」が決まるのです。

インドも、いまだにカースト制度は残っています。宗教大国ではありますけれども、残念だというふうに思っています。

「この世で地位のある方々は、過去世にも徳があり、今世にも徳があった」と思っている方がいっぱいいるわけだけれども、この世で地位が高かったり、あるいは富裕であっても、死んだあと地獄に行っている人がいっぱいいるわけです。

例えば、国王だとか大臣だとか、あるいは高級官僚だとか、あるいは大会社の社長だとか、そういう方々はいっぱいいるけれども、みんながみんな天国へ行っているわけではないのです。地獄の底に堕ちている人がいるのです。

学者だってそうです。学者はあまり犯罪には手を染めない方が多いと信じたいと思いますけれども、最近、某「日本一学生数の多い大学」で、ずいぶん税金をたらふく使った方も出てきたので、ちょっと学者系も怪しくなってきました。大学なども「働かない人の集まりになっているのではないか」と、ちょっと心配になってはいます。あまり悪意では取りたくはありませんが。

やはり、この世で、名刺とか「傍から見た姿がどうであるか」によるのではなくて、その人の心と行いが、その人の人生そのものであり、その人の値打ちそのものであり、「今世どう生きたか」が「来世どこに行くか。あの世においてどこに行き、そして、次の世においてどういうふうに生まれるか」を決めるのだということを、釈尊は説いたのです。

あくまでも真実のことを真実のこととして追い求めたい

インド哲学とかいう難しい勉強をなさっても、この釈尊の教えを読み解いて唯物論的にしか解釈できない人がいっぱいいます。むしろそれが主流です。もうかわいそうなぐらいです。

だから、戦後の教育も悪かったのだろうと思いますが、戦争に負けたことによって、日本神道は総崩れになって、高天原もだいぶ修復が必要なぐらいまでガタガタに崩れました。その信仰心のブレ、崩れが宗教の「あの世を信じる心」そのものを弱めてしまいました。ですから、仏教研究者までも、唯物論的に仏教を解釈したほうが〝かっこよく見える〟ようになってくるわけです。

哲学者たちもそうです。ソクラテスとかプラトンたちの教えを読めば、そのままを現代語で読めば、彼らが霊魂を信じ、あの世を信じて、生まれ変わりまで信じていたことはもう否定のしようのない事実です。はっきりと書いてあります。体験しているのです、それを。私がしているように。

ところが、その哲学者も二千何百年もたったら、今はもう数学者の仲間みたいな感じで、計算式とか記号とかを使って、「いったい何が言いたいわけ？」というような、「これ、一円にもならないよ」「これって給料泥棒だよ」というような方ばかりいっぱい出てきて、〝機械〟になってしまっているのです。頭脳が〝機械〟になってしまっている。残念です。

そうした数学とか物理学も、実際に役に立つところがありますので、実用の学として、この世で高度な乗り物や建物や、あるいは宇宙に出ていくときに役に立つから、文系の人たちがあまり否定してはいけないというふうには思うのですけれども、役に立つものは役に立つものとして発展していいけれども、「その奥にあるいちばん大事なことを忘れてはならない」ということだけは、はっきりと申し上げておきたいと思います。

せめて、自分の専門ではない、分からないことに対しては「口をつぐむ」「控える」「評価を言わない」「それについては、私にはよくは分かりません」という態度は維持してください。もしかしたら、死が近づけば勉強しなければいけなくなることもありますから。

もし、あの世がなく、人間がこの世に生まれて、また来世に去っていくという世界が嘘だというのならば、私が二千九百冊以上（説法当時）書いてきた本、これは全部、嘘ということになります。

みなさん、私が嘘つきに見えますか。見えたら、地獄に行っていただきます（会場笑）。（会場を左右に見渡して）嘘つきには見えない――。

私は一円のごまかしも嫌いな人間です。嘘を憎みます。人を騙すことを憎みます。嫌いです。正直でない人間が嫌いなのです。世の中をごまかして行き渡っていく人間が嫌いなのです。

偽物は嫌いなのです。フェイクは嫌なのです。

だから、あくまでも本当のことを本当のこととして、真実のことを真実のこととして追い求めたいと思っています。

百パーセントということは難しいかもしれません。解釈の間違いや事実認定の難しいところがあるかもしれません。

しかしながら、意図的に人を騙そうとか、間違わそうとか、間違った方向に導こうとか、人々を不幸に陥れようとか、そして自分だけが幸福になればいいとか、自分たちの団体だけがハッピーになればいいとか、そんな考えは持っていません。

4 「神なき民主主義」の限界

唯物論大国の中国に繰り返し厳しい意見を言っている理由

唯物論の大国である中国にも、繰り返し厳しい意見を言っております。本当に私もこんなに、〝特別な国〟についていろいろなことを、彼らがうれしくないであろうことを言うのはつらいので、言いたくはないのです。

国内だけで十四億人、華僑で出ている人たちを入れればもっと多いでしょう。もう二十億近くいるかもしれない中国系の人たちがいます。またその影響下にある人たちもいます。これだけの人数の人たちを間違ったままに過ごさせるわけにはいかないのです。だから言っている。ここは、「悪人と思われても構わない」

と思って、私は言っています。

毛沢東という人は今、中国では少なくとも――今のうちだけかもしれませんけれども――「建国の父」として、百年前に共産党を立て、そして七十年ぐらい「建国の父」になっているのだろうと思います。

まあ、いろいろと虚飾がついて、いろいろと持ち上げられて立派な人のように言われていますけれども、彼は共産主義者といっても、マルクスの本さえろくに読んでいない。彼が読んでいたのは――（会場の）翻訳の方はちょっとこんなことを言われると困るとは思うけれども――『資治通鑑』という、司馬光という中国の歴史家が書いた本、こればかりを繰り返し読んでいました。洞窟を逃げ回っていたときです。

日本軍が中国に攻め入って、蒋介石軍と戦っていたときに、毛沢東の共産党軍はさらに奥地に逃げて、蜀の国のほう――『三国志』の蜀の国のほうの山の奥に逃げて逃げて、洞窟を逃げて逃げて逃げていましたが、読んでいたのはマルクスではないのです。『資治通鑑』という、千数百年の中国の歴史での、要するに統治学――「どういうふうに国民を治めたか」という本ばかりを繰り返し読んでいた。外国の本はほとんど読んでいないのです。だから、本当は〝インチキ共産主義者〟です。

共産主義のなかにも本当は（旧約聖書の教えが入っていて）――マルクスはユダヤ人でしたけれども、「新約聖書」の裏側にある「旧約聖書」というのは、「新約聖書」を理解する上では不可欠のものがあります。ですから、今のキリスト教者でも旧約聖書も一緒に読んでいます。それがユダヤ教の教え、聖典です。ですから、マルクスの教えのなかには旧約聖書の教えも入っているのです。それが「千年王国」として、建てるべき王国として入っています。しかし、毛沢東の頭のなかには入っていないのです。彼は中国の歴史だけを研究した。

そして、中国の歴史は何か。中国はときどき「四千年」とか「五千年」とかいう歴史を言うけれども、その歴史は残念ながら、一度も民主主義を経験したことがない歴史です。ですから、中国の歴史書を読んでも、民主主義を学ぶことはできません。彼らはいつも、専制君主的な独裁者が出てくるか、国がバラバラになって戦乱の世になるか、バラバラの戦乱の世が一つになり専制君主が出て、また革命が起きてバラバラになり、戦いが起きる、この繰り返しです。

ですから、中国の歴史を読んできたら、「いかにして武力で国を統一するか」というようなことばかりを書いてあります。そして、それが素晴らしいことのように言われているわけです。でも、それは正しくはない。

政治体制と「為政者の徳の問題」について考える

先ほど言いました、三万年前の天御祖神の教えは、中国大陸にも渡っていきました。そして、堯・舜・禹という三人の徳ある帝王が出たことがありますけれども、その徳のある王様の政治というものを実現した時代がありました。そのなかには、その後、日本神道にも流れたのと同じ光が流れています。ただ、徳治政はその三代で切れております。ですから、「徳治政」も、素晴らしいときには民主主義を超えることもあります。上に立派な方がいた場合は――。

また、「民主主義」も、素晴らしいときには徳治政と一致するときもあります。例えば、リンカーンみたいな人がアメリカの大統領をやっているときには、民主主義でも徳治主義でも、もうどちらでもいいような時代になります。そういうことになる。立派な方が国を治めてくれれば、両方同じようなものなのです。だから、制度だけでよいか悪いかを決めるつもりは、私は本当はありません。

アメリカのバイデン大統領は、「民主主義国家 対 専制主義国家の戦いだ」というようなことで、今、世界の緊張を高めています。「トランプ的分断をやめて、協調と平和をもたらす」ということで、そういう触れ込みで大統領になりましたけれども、現実には分断が進んでいて、戦争の危機も迫っているように私には見えています。

少なくともアメリカは、トランプさんのときには敵ではなかったロシアを敵に回した。そして、中国も敵に回した。さらに、イランも今、敵に回している。さらに、イランに続く他のイスラム教国もそうなるでしょう。さらに、東南アジアでも火の粉は降りかかるようになるでしょう。

今、幾つかの国で戦いの前哨戦が行われていると思います。すべて、彼の戦略眼のなさが引き起こしているものだというふうに私は思っています。

この地上において、完全な体制というものはありません。しかしながら、「どちらの方向がよりベターであるか」ということは考え続けねばならないことであるというふうに思います。

「民主主義がよい」というのは、悪王を除くことができるからです。民衆を虐待したり虐殺したりするような人を選挙で落とせるから、民主主義はその点ではよいというわけです。

でも、それだけでは最高だとは言えません。アメリカの大統領選をやるのには、二百億円ぐらいの金がかかるのです。マスコミに広告をかけるだけでも二百億円はかかります。

(普通は)二百億円の金など、ありません。だいたい、四年ぐらいの大統領をやるのに二百億円も広告代など使いたくないでしょう。日本でも、ちょっと使えません。

中国だって、政治的な要職を占めれば、もう、何十億円ぐらいの金は簡単に貯まるようになってはいます。そして、企業とも一体化しています。

どの国も本当を言えば、極めていけば、恥ずかしいところはたくさんあるのだろうと思います。

ですから、民主主義制度について言いたいのは、「神なき民主主義は駄目(だめ)ですよ」ということです。「神の子として自分を振(ふ)り返りながら、神の子の一人として理想の国をつくるべく、政治参加せよ。その民主主義ならよい方向です」ということです。

では、軍事政権は駄目なのか。もちろん、革命において軍事政権が立つこともあろうかと思いますが、それは長く続いては絶対にいけない。長く続けば必ず腐敗(ふはい)をします。

そこに必要なものは、「徳とは何か」という課題です。徳を手に入れなければ駄目なのです。徳とは何であるか。それは厳しいことです。

革命が起きるには理由があります。多くの人たちが不自由な生活をして苦しんでいるからです。民の暮らしを楽にして、人々を解放するために革命は起きるのです。

ですから、革命の本当の目的は「人々の解放」であり「自由の創設」であるべきなのです。

5　救いか滅びか――「亡国への道」を歩むなかれ

中国の「一帯一路」に屈する国々に言っておきたいこと

ところが、武力によって権力をいったん握ったら、その権力を離さないで、人々を弾圧して、上位階級をつくって、人々から搾取する者が出てくる。そういう者たちは共産主義者を名乗る資格はないと私は思っています。

最近のＮＨＫでさえ、良心の呵責に耐えかねてか、番組編成に変更が見られます。例えば、「中国十四億人のなかの六億人は月給一万八千円以内で生活している」「十四億人のうちの六億人が貧困階層だ」と言っているのです。

一万八千円の月収ということは、私が考えますと、だいたい昭和三十年代、今からだいぶ前ですが、一九六〇年代に入るぐらいのころの日本の生活がこんなものだと思います。給料が一万八千円ぐらいだった時代はそのくらいだと思いますから、まだ一九六〇年代ぐらいの生活をしている人がいっぱいいるわけです。五十年以上も前の日本の状態で生きている人がいっぱいいるのです。

「十四億人中、六億人」ということは、四十何パーセントです。四十何パーセントが貧困階級にあることを、ＮＨＫでも放送していました。ＮＨＫも少し天国に入れる人が増えるかもしれません。今のままではもう危ないと思っていましたが、ちょっと改心の傾向が見られます。

それは共産主義の理想と反しているでしょう？　共産主義は格差是正しなければいけないのではないですか。人々を平等にして、資本家階級から搾取して、下にバラ撒いて、みんなが平等な社会をつくるのではないのですか。それが目標でしょう？　万国のプロレタリアート、労働者階級が団結して、政治をするのでしょう？（現在の中国はそれと）まったく違っているではないですか。その六億人たちは、もはや、豊かになる術がない。

そして、北京の首脳部は、外国に、「一帯一路」とか言って、高速鉄道を引いたり、港湾にお金を出したり、空港づくりにお金を出したり、マンションづくりにお金を出したりしています。そして、お金を返せない場合、不良債権となって、彼らが債務を返せなくなったときに、「九十九年間租借する」という、かつてヨーロッパがアジアの国にやったようなことを今の中国はやっています。

それで狙われている国は、アジアにたくさんあります。例えば、スリランカ。港湾、港を深くして、実は、中国の軍艦が停まれるように、中国のお金で改装しました。返せない。いずれ取られます。

今、ネパールやブータンの近く、それからインドの国境にも、中国軍がたくさん集まっています。いずれ侵攻されます。

ベトナム辺りも抵抗しておりますけれども、だんだん、その資金の誘惑に勝てなくて、屈していくところが増えていきつつあると思います。

しかし、私が言っておきたいことは――
お金で魂を売ってはいけない。
間違ったことのために魂を売ってはいけない！
ネパールよ、テレビで私の放送を聴くと思うが、国を売るなかれ。
スリランカも、インドも、気をつけてほしい。
それから、パキスタンだって、インドと敵対しているけれども、
イスラム教国なら、なぜイスラム教の多いウイグルで、
あれだけの強制収容所で苦しんでいる人たちがいるのに、
助けようとしないのだ！

他のイスラム教の国はどうなのだ。
イランはどうだ！
中国と「二十五年契約（けいやく）」の原油供給契約をしています。
「食っていくためにはしかたない」と思うところもあります。
イランはインフレが進んでいます。生活が苦しいです。
放っておけば革命が起きます。
だから、中国に原油を買ってほしい――
「CO_2を出さない」という約束を世界中でやっているときに、
二十五年間の契約を結んでいます。
しかし、それは、いずれ「亡国への道」になるでしょう。

だから、宗教を立てている国においても、

本当において正しい方向かどうかを確認してください。
イランも核兵器をつくるのを急ぐのはやめてください。
つくったら、イラクと同じ運命が待っています。もうすぐです。
だから、やめてください。
イスラエルとイランが核兵器を持ったら、生き残るのはイスラエルです。
イランはなくなります。
だから、私の言葉を聴いて、踏みとどまってください。
西洋化してください。民主化を容れてください。
それが生き延びる道です！

本当の神は、自力によって豊かさを導く道を説いている

だから、宗教が「ある」と「ない」の問題もあるけれども、

宗教を信じていても国を滅ぼす人たちはいるので、
やはり、一人ひとりの値打ちが高まる方向に、
舵を取らなければいけないということです。
私は、仏教も、日本神道も、インドの宗教も、キリスト教も、
ユダヤ教も理解しています。イスラム教も理解しています。
しかし、イスラム教の「原理主義」は変えるべきだと思っています！
変えなかったら、あなたがたは間違った道を転がり落ちていくことになると思う。

変えなさい！
未来を変えなさい！
それしか生きる方法はありません。
燃料を供給して（富むような）豊かな時代は、

もうすぐ終わるようになるでしょう。
だから、今こそ、一人ひとりが仕事をつくって、
国の発展していく道を選び取ってください。
アフリカの人にもそう言いたい。
イスラム教が広がっています。
でも、広がっているのは貧しい国ばかりです。
だから、共産主義に極めて似た政体が広がっています。
しかし、本当の神は、
みなさまがたの自力によって豊かさを導く道を説いています。
わが言葉を軽んずることなかれ！
言いたいことはまだまだあります。
（信者のいる国の）世界百六十四カ国以上のみなさん、

どうか、私の話を近隣（きんりん）の方々にも伝えてください。
まだ人類は救えるところにいます！
しかし、私の言葉を聴かなかったら、
人類は半分にまで減る可能性だってあります。
私はそれを十年以内に言うことを、できれば避（さ）けたいと思っています。
どうか私の言葉を信じて、ついてきてください！
そして、伝えてください！
ありがとうございました。

第2章

地球神エル・カンターレとは

——『信仰の法』講義——

二〇一八年一月七日　説法

東京都・幸福の科学　東京正心館にて

1 「エル・カンターレ」とはどのような存在か

エル・カンターレの中核意識の生まれ変わり「アルファ」「エローヒム」

今日は、今年いちばん重要な本である『信仰の法』（幸福の科学出版刊）の講義ということになっておりますが、同書には六回の講演会を収録してありますので、読み返してみても、いろいろなことを言っています。

おそらく、幸福の科学にずっとついてこられている方から見れば、読んだらスッと分かるのかもしれませんが、一般の方だと、手に取って読んでスッと全部が分かるとは思えないような内容かと思います。

　また、仏法真理を勉強されているみなさんであっても、スッと、読書のように「一回読んで終わり」というのではなくて、折々に、気になったところを繰り返してお読みになれば、また違った発見があるのではないかと思います。

　私は、（この会場に）出てくる前に、『信仰の法』第６章のもとになった、東京ドームでの講演（「人類の選択」）をＣＤで聴きながら、その本文を読んでみたのですが、だいぶイメージが違うので、「まあ、こんなものかな」という感じです。「生の声の響き」と「活字」とではだいぶ違うし、おそらくＣＤとＤＶＤも違うと思うのですが、ＤＶＤなら、またもう一段、波動が大きくなりますし、本会場なら、たぶんもっと違うのでしょう。活字になると、やはり、かなり〝小さく〟はなってくるのです。読み飛ばすと、言葉に込められた力というか、言魂の響きが味わいにくくはなっていますので、丁寧に読まないと分からないかもしれません。

ご家庭の予算に合わせてお考えになられて結構だと思いますけれども、『信仰の法』に関しては、ＣＤ六巻セットやＤＶＤ六巻セットも併せて出ていますので、繰り返し聴いたり観たりされてもいいと思います。

経済的に十分でない方は、本だけをお買いになって、ＤＶＤやＣＤを拝受された方に「十分に聴き終わったら回してください」ということで――ダビングして、〝タダで売る〟というのはなしにして――ちょっとお借りして、聴いてお返しするぐらいの感じでシェアされても構わないかとは思っています。そのへんについては私のほうも分かってはいますので、無理のない範囲内で結構です。

もちろん、当会の支部長は、勉強もありますので、運転しながら講演会のＣＤを聴いていますので、「ＤＶＤだと運転中に事故を起こすので、ＣＤにしてほしい」という声もあって、ＣＤをなくせないのです。

ただ、ＣＤを聴いて運転していても、やはりぶつかる可能性はあります。「ときどき絶叫したりするときなどに、ガツーンとやってしまう可能性があるな。ちょっと危ないかな」と思っています。正月などは特に気をつけてほしいなと思うのですが、あまり熱中して聴くと、方向を見失う可能性はあります。

昔も、正月の最初の説法を――（総合本部が）東京の紀尾井町ビルだったころに――今ごろぐらいの日に、収録しに総合本部へ車で出かけて家から出たら、高速道路で途中で車が二台炎上していたりして、「正月というのはけっこう、みんな、緩んでいるのだな」と思いましたが、あまりいい気持ちではなかったです。新年の話をするというのは、車が裏返って煙を出している所の横を通りながら、あまりいい気持ちではなかったのを覚えております。

そのように緩みやすいこともあります。また、総合本部に向けて、最初の説法をしようとして出かけていって、高速の下のところ――これは下の道路だと思うのですが――そこを曲がった所で、いきなり横からぶつかられたこともありました。

そのときはまだ、私は羽織袴を着てやっていたころなのです。今はもう着ません。あんなものを着て草履を履いたらもう動けないから、もう履きませんけれども。

ただ、羽織袴に草履で私が車から出てきたので、相手のほうは恐縮して、「あっ、すみませんでした。すみませんでした。すみませんでした」とばかり言っていました。

まあ、言いたいことがないわけではないけれども、「車が傷んだのが惜しい」とか言うと宗教家としてちょっと恥ずかしいからそれは言えませんが、正月用の羽織袴姿であまり心を乱してもいけないと思って、「あとは、よしなに」と言って、運転手を残して本部に出てきたのです。

正月というのは、みなさま、よく、酒を飲みすぎておられるか、休みすぎたか、頭がまだ機能していないか何かにより、不都合がございますので、今日は、みなさんを興奮させず、酔わせない程度の話で年初をスタートして、じわじわ、じわじわと、今年のレベルに持っていきたいなというようなところを考えております。

「信仰があれば絶対に大丈夫」と言っても、ぶつける人はぶつけるので、気をつけないといけません。やはり、人間として当たり前のことは、当たり前の警戒をしておかないと、来ますから。

ちなみに、曲がったときにぶつけられたというのは、うちのほうにはまったく交通違反はなく、向こうがただただまっすぐ走ってきて、直撃されたことにより車がへこんでしまったことはあったのです。私の車の重量がやや上回っていたために、何事もなく終わりましたが、その車も〝終わり〟ました。

そういうこともあるため、そのあと、ちょっと用心して、もう一段、重い車を入れたのですが、今度はドアの開閉ができなくなって、「力がすごく要るんだけど」と言って、それでまた売り払うことになりました。

「ダンプとぶつかっても死なない車になりました」と言って入れてくれたのですけれども、あまり大きくて目立ちすぎるし、角を曲がれないので、「これは走れないね。東京は走れない」ということで、諦めました。

「アメリカだと、このくらいのものにみんな乗っているんですけどね」と言われたのですが、アメリカの、ガーッとゆっくり曲がる車がありますが、あんなものにちょっと近いものです。あれが日本で走るとしたら、ああいうものはヤクザの組長しかいません。ほかにはいないと思います。

そういうこともありましたが、何かと難しいものです。

さて、『信仰の法』を読み直してみたのですけれども、「読み方によっては、信仰のない方、部外者の方から見たら、ずいぶん偉そうに言っているようにも聞こえるかな」と思って、家内がやや心配して、「あまり偉そうに言って、〝攻撃〟されないようにしてくださいね」と言っていました。

普段、私はあまり偉そうには言わないのですが、会場が大きくなった場合、やや興奮する気はあって、少し言ってしまうこともあります。長く会員でおられるみなさまは、そのへんの感じはよくご存じではあろうかと思いますが、初めてそれを見るとムカッとする人もいることはいるので、そのへんは、よしなに解釈をお伝えくだされば幸いであるというように考えております。

だいたい、本当は、自分のことをあまり高く言ったり偉く言ったりするのが、私は好きではないもので、日ごろからあまり言わないのです。

だから、「信仰心が立ちにくい」ということで、周りからはつつかれて、「もうちょっとちゃんと信仰心を立てるようにみんなに言うべきだ」と言われるので、「自分では言いにくいから、〝外の人〟が言ってくれないかな」と言うのですけれども、なんだか言ってくれないのです。しかし、〝外の人〟どころか、弟子・幹部たちも、信仰心の話をすると、〝自分への信仰心〟を説いたりする人がけっこう多いのです。確かに現実はそうなのかもしれません。〝支部長への信仰心〟を言わないと、支部での活動は活発化しないかもしれないし、本部から派遣された人も、やはり、そういうふうに、「自分はいかに偉いか」を言うことがあって、私のことを言うのを忘れてしまう傾向が多々見られます。

「そういうことは、もう、みんな分かっているでしょう」という感じで、そうなっている場合もありますので、たまに少しだけ私自身のことを申し上げておきます。

本書（『信仰の法』）では、エル・カンターレの通常の「魂のきょうだい」の話も載っていますけれども、それ以外の、「本体意識」というか「中核意識」の生まれ変わりとして、三億三千万年ぐらい前に「アルファ」という名前で生まれた時代のことも書いています。

これについては、今年の秋にある、幸福の科学のアニメ映画「宇宙の法―黎明編―」で取り上げています（説法当時）。この前の映画「UFO学園の秘密」に続きまして、「黎明編」はいよいよこのアルファの時代を取り上げた「宇宙の法」です（共に製作総指揮・原作 大川隆法）。

その内容は、どこでも公開されたことはありませんし、講演でもそれほど語っていない部分が出てきます。これは、外国の方というか、ハリウッドを脅してやろうと思ってつくった映画ですので、そちらのほうも楽しみにしていただければと思います。

「黎明編」がこのアルファの時代で、それから、次はエローヒムの時代を描いたアニメになっています（「宇宙の法―エローヒム編―」〔製作総指揮・原作 大川隆法〕）。

この本（『信仰の法』）の解説としては、そういうアニメ映画をまたじっくり観ていただければ、当時の風景というか、「周りがどんな感じで、どんな姿か」というところが見えてくるかと思います。

「エル・カンターレ」という名前に秘められた意味とは

そして、現在、「エル・カンターレ」という名前を中心に使っていますけれども、「エル」というのは、もともと、「神」とか「光」とかいう意味で使われることが多いのです。

今は、たぶん、スペイン語とかイタリア語では、「エル」は英語の「the」ぐらいの意味で使われていることも多いかと思いますけれども、だいたい、もともとは、「神」とか「光」とか、そういう意味で使われることが多いのです。

それから、「カンターレ」というのはラテン語です。ラテン語は今は使われていない言語です。イタリア語には「カンタータ」という言葉がありますけれども、

「歌う」というあたりの意味だと思います。このイタリア語の「カンタータ」の語源が「カンターレ」なのです（「短詩型・格はいく集③『神は詩う』」〔幸福の科学出版刊〕参照）。

ラテン語が使われていた時代――要するに、ラテン語は紀元前後あたりにはもう使われていて、中世あたりまでヨーロッパの共通言語として使われていたもので、ラテン語はインテリの証明でした。

だから、教会で聖職者をしている人たちには、ラテン語で『聖書』を読み、ラテン語で話のできる人たちが多くて、その当時の共通語はラテン語です。

悪魔祓いもラテン語の『聖書』でやっています。「悪魔がよく分かるものだ」と思って、いつも感心しています。「本当にラテン語が分かるのかな」と思うのですが、ラテン語が分かるのなら、その悪魔は「聖職者で地獄に堕ちた人」としか思えないのですけれども。ほかの国に生まれた人には、まず分かるまいと思います。

「カンターレ」というのは、ラテン語の意味としては、「呪力(じゅりょく)を持つ」というような意味なのです。呪力を持つ——。だから、だいたい、「エル・カンターレ」の元の意味としては、「神が呪力を持つ」というような感じの意味になります。もともとは、語源的にはそういう意味になると思います。

神がどういう呪力を持つかというと、それは、人類をくるむ「愛の力」「慈悲(じひ)の力」、それから、「神秘の力」「奇跡(きせき)の力」、こういうものです。

こういう、人々を救うための力——いろいろな呪力といっても、そういう「魔法のような神秘的な力」を持っているというような意味になるわけです。

「エル・カンターレ」については、今、「光満てる星、地球」など、いろいろと言っていますが、だいたい、「地球全体に関して、そうした神の力で人類を護(まも)ろうとする、力を及(およ)ぼしている」ということを意味していると考えて結構かと思います。

また、先ほど、「エルは、神とか光とか、そんな意味で使われることが多い」と言いましたが、「イスラエル」という言葉の起源もそうです。「エル」は、このときは「神」という意味で使われています。

たぶんヤコブだと思いますが、「ヤコブという、イスラエル民族の先祖のほうの人が、夜だったので姿は見えなかったのだけれども、羽の生えた神のような、天使のような者と、一晩中格闘したところ、向こうも『よく頑張るな』と驚いた」というようなことで、「神に抗える者」というか、「神と戦う者」という意味が「イスラエル」の意味らしいのです。

これが「イスラエル」という国名の語源です。神とレスリングをした「ヤコブ・イスラエル」という者が、イスラエル民族の先祖にいたということになります。

ですから、「エル・カンターレ」は、本当はいろいろなところに関係がありま す。その関係性については、いろいろなところでチラチラと述べています。

今公開しているかと思いますが、南米のほうで活躍したリエント・アール・クラウドの本心というもので、去年末に録ったものを出していると思いますので（『公開霊言　古代インカの王 リエント・アール・クラウドの本心』〔幸福の科学出版刊〕）、それで少し内容は分かると思います。

そのように、今年は、できたら、折々に、エル・カンターレの魂のきょうだいたちの考えとか、「どんな感じだったのか」というのを出していこうと思います。エル・カンターレを理解いただくために、分身風に地上に出た者たちの霊言等を出して、「全体が見えるように、なるべく持っていこう」というようには思っています。

アルファやエローヒム等については、アニメの映画で、ある程度、明らかになり、分かるようになるだろうと考えています。

2 幸福の科学で「霊言集（れいげんしゅう）」を発刊している意図とは

（『信仰の法』の）内容的には、ずいぶんいろいろなことを言っています。特に、国際政治学的なことも多いので、このへんを難しく感じる方もいるかもしれませんが、海外まで教えが及（およ）んでいるので、そういうこともあって言っていることもあるのです。

また、政党活動等もやっていますけれども、現実の力としては、まだ、なかなかついてきていない部分があるので、まず、「先見力」というか、「情報発信力」のほうを重視して、「こちらの方向に向かいなさい」ということを言っており、現実の政治は、私の言っている方向についてきているのが現状かと思っています。

教団もいろいろな運営上、組織的な活動のイノベーションを何度かやってはいるのですけれども、なかなか、私の思うところまでは行かないところが多くあります。

職員等も二千人を超えているのですが、政党のほうで活動している方は、たぶん五十人に満たないと思われるので、数十人ぐらいでしょう。二千人を超える職員等が活動しているという全体のなかで、五十人弱の方々が政党活動をやっていて、声としては、それは二十分の一程度……、なかなか十分の一の力も反映していないのかなとは思っています。

だから、季節的に、政治の季節が来たときには少しだけ盛り上がりますが、普段は忘れられていることが多いのです。だんだんに、長くやることで、別働隊のほうをボランティアで固めていかないと、全体で一緒の動きはなかなかできないのかなと考えています。

私の今年の考えとしては、できたら、（立宗して）三十年ちょっとたちましたので、一巡したと見て、「宗教の原点」に立ち帰って、「心の教え」や「悟りの原点」的なものを、もう一回、繰り返して教えていかないといけないと思っています。

若い人たちはそれを聴いていない年代なので、もう一回、そういう宗教の基礎的な部分を教えながら、この「信仰の法」とをつなげていきたいと考えているのです。

だから、心の教えをいろいろな角度から説く回数が増えるであろうと思いますが、ときどき世代交代は起きていますので、「新しい人たちに、もう一回、勉強してもらう必要がある」という考えの下にやろうと思っています。

ただ、それに関して、昔はそんなに説けなかった部分が、実は「信仰」のところで、やはり、「信仰心の大切さ」は、できたての宗教としてはあまり説けなかった部分がどうしても残ります。

その説けなかった部分を、霊言集等を出して、まずは高級諸神霊などの言葉を紹介して、すでに宗教になっているところのいろいろな僧侶や神様等の霊言を出すことによって、「こういう人たちに対しては信仰が立っているでしょう？　だから、このあたりから、宗教に対する信仰心のもとになるようなものをまずつかんでください」というような感じで出していました。

そのように、最初のうちは、たくさん霊言を出していたのですが、霊人たちがバラバラにいろいろなことを言うので、「霊言は、当会の教えと必ずしも一致しません」というようなことを書いたら、「では、いったい何を信じたらいいんだ」という感じも出てきました。

「言論の自由」はあるので、あの世の霊人も自分の考えを述べます。やはり、日蓮が親鸞の教えを説き、親鸞が日蓮の教えを説くわけにはいかないところもあるので、各人が自分の考えに近いことを述べるのです。

そういうことで、「理論書がもうちょっと欲しい」という声も強くなって、一九九四年ぐらいから、霊言集をいったん止めて理論書のほうを中心に出していたのです。

しかし、しばらく止めていたうちに、一部の霊言好きの人等が物足りなくなったところもあって、「霊言が出せる」というような人が本を出したりして、そちらのほうに行くような流れも出てきたので、やはり、「あの世の証明はまだ要るのかな」と思って、霊言集をもう一回、ここ十年ぐらい、かなり出しているということです。

だから、霊言集を出さなければ出さないで、「大川隆法には霊能力がなくなった」というようなことを言って〝客集め〟をする人が出てきたりもするので、難しいのです。

一方、霊言は霊言で出して、「これは私の考えとは違(ちが)います。この霊人の考えです」というように言うと、「それでも宗教か」という感じで言われることもあって、難しいわけです。

結局、「基本的な教えはこんな感じだけれども、やはり、いろいろな宗教をやっている方とか、経験した方もいるだろうから、そうした〝参考書〟としての意味で、こんな教えもあったほうがいいかな」と考えているわけです。

3 「宗教間の対立」を乗り越えるために

諸宗教の信仰対象への「偶像崇拝」についてどう考えるか

さて、みなさんのなかには「クリスチャンだった」という人もいるし、「仏教徒だった」という人もいるし、日本神道においては今も、本人は知らないけれども「信者だ」と数えられている人はたくさんいます。

日本神道では、鳥居を一回でもくぐれば信者になるのです。特に、正月に鳥居をくぐった場合は、信者カウントされておりますので、その人数が、神社本庁が言っている「日本神道の信者数」になっています。

ですから、「景気のいいとき」と「悪いとき」とで両極端に人が増えたり減ったりするのではないかと思います。「九千六百万人」と言ったり、「七千七百万人」と言ったり、いろいろしていますが、あれは鳥居をくぐった人の数なのです。

そのようなカウントでよいのなら、もうちょっと、「当会も鳥居をいっぱい建ててみようかな」と思ったりすることはあるのだけれども（会場笑）、あまり安易に流れてもいけないでしょう。当会の支部長などのほうは、もっともっと厳しいのです。

「鳥居をくぐっていく人のお賽銭（さいせん）の平均は十五円」というように言われていますが、これだったら何百万人に来てもらっても、そんな大したことはありませんので、「数だけで言ってもいけないか」とは思っています。

もちろん、私も鳥居をくぐったことはあるから、日本神道の信者に数えられている可能性はありますけれども。

このように、宗教においては、いろいろなやり方はあるかと思います。

ただ、考え方としては、私としては、「正しい」と思うことはなるべく繰り返し言うようにはしているのですが、ほかの宗教が全部間違っているというわけでもないので、一定の理解は示して、役に立つ部分については、「信じてもいいんですよ」というようなかたちのスタンスを取っています。

そのようにしないと、例えば、「キリスト教 対 イスラム教」の戦いとかが終わることは、たぶんないだろうと思うのです。

それから、仏教も、インドでは十三世紀にイスラム教に滅ぼされていて、今、ミャンマーとかでも、仏教とイスラム教のぶつかりが激しいのですが、イスラム教に本格的に入ってこられたら、仏教のほうは消される可能性があるからなのです。

なぜかというと、イスラム教は「偶像崇拝はいけない」と言っていますが、仏教のほうはたいてい仏像をつくっていますから、「これは偶像崇拝だ」ということで、（イスラム教徒が仏像を）壊(こわ)しに来るのです。仏像を壊されたら、仏教のほうは、寺院はだいたいほぼ壊滅(かいめつ)状態になり、基本的に、信仰(しんこう)団体がなくなってしまうようになるので、だから、仏教徒であっても、イスラム教徒の侵入(しんにゅう)をすごく嫌(いや)がる傾向(けいこう)があります。

ですから、ミャンマーの国境あたりでは、仏教徒であっても、機関銃(きかんじゅう)で武装して、やったりして、いろいろと今、移民問題等が起きています。

ただ、「偶像崇拝禁止」と言うのは、別に構わないのです。「天にいる神様というのは、地上的に表せるものではない」という言い方は当然あるので、それは構わないとは思うのだけれども、だからといって、よそが祀(まつ)っているものを壊していいというわけではないだろうと思うのです。

本当は、キリスト教も、偶像崇拝は「禁止」というか「いけない」というような言い方はしていますが、「偶像崇拝はいけないけれども、平面は構わない」というように言って、イエスの絵とか、マリアの絵とか、そういったものを平面にして掛けたりしています。ギリシャ正教会とかはそんな感じになっています。

でも、だんだんに彫刻が発達してくると、やはり、イエスの像やマリアの像、聖母子像等は、いろいろな教会でも祀られてはいます。

そういうことで、人間には、やはり信仰の対象が必要は必要なので、「その信仰の対象がどういうものであるか」ということについては、それぞれに個性があってもしかたがないところであり、これは寛容でなければいけないところだと思います。

イスラム教のモスクなんかに入ってみると、なかは「がらんどう」です。がらんどうで、ときどき、天井も穴が開いていたりすることもあります。

天井に穴が開いているから、「そのまま入っていいんだろうな」と思ったら、「帽子を脱いでください」と言われたりして、「ああ、そうか。脱がなくてはいけないのか」と思うようなこともありました。屋根のない建物だったら、「帽子は脱がなくてもいいのか」と思ったりするのだけれども、「脱いでください」と言われたりすることもあります。

そうした、宗教の作法的なところの違いについては、「その場所ではそういうふうにするものだ」という考えで、「心のなかの問題は別」となされたほうが、基本的にはいいのではないかというふうに思います。

『信仰の法』の本文中にもちょっと書いてあるのですけれども、教祖在世中に、「神の声は聞こえた」とか、「自動書記的なもので神の啓示が降りた」とかいうことはあっても、「神の姿を視た」とか、「天使の姿を視た」とかいうふうな、そういう霊視ができなかったタイプの教祖の場合に、だいたい、偶像崇拝みたいなものを排撃する傾向は出てきているので、自分が経験していないことについては言わないということなのでしょう。

言わないでいると、それは禁じられているようになる傾向があるということだと、基本的には思われるということです。

当会は仏教的なかたちでの「執着を取り除く考え方」を言っている

当会の教えは、いろいろなものも入っているのですけれども、どうしてもまとめろと言うならば、基本的には「仏教」に近い路線のところあたりにまとめてはいるのです。

ただ、やはり、仏教にもちょっと足りざるところはあることはあるのです。この世に対して、若干、冷たすぎるというか、あまりにも達観しすぎていて、この世を超越視する、超越していくことを当然と思っているようなところがあるのです。

それはそれで実際正しいのですが、ただ、現代では、この世に生きている年数も長くなってきていますから、この世をそんなに軽々しく扱ってもならないだろうと思っています。

もちろん、執着となって、この世が〝永遠の住処〟のように思うところまで行っているものについては、やはりやりすぎで、死んだあと、天上界に還れない原因になりやすいので、このへんは仏教的なかたちでの「執着を取り除く考え方」は言っています。

4 神が求める祈りの姿勢と、奇跡の受け止め方

幸福の科学は自力を中心に、「神様との関係をつくり、努力すること」を基本としている

「祈りの力」とか、そういうものも、この世的な繁栄のためだけにあまり使いすぎるとまた、ある意味で霊的でなくなる面もあるのです。だから、「この世的にも使えるが、万一、この世的に全部が思うとおりにならなかったとしても、あの世への旅立ちにおいて間違いを起こさないように」というあたりを、いつも考えてはいます。

キリスト教などは、「他力信仰」と基本的に言われているのですけれども、そ

うはいっても、「個人に対する行動」とか、そういうものは求めてはいます。
ただ、自分が『聖書』を勉強したり祈ったり行動したりするのは「自力」なのですが、キリスト教の場合は、その自力の部分に必ず「神」というか――「イエス・キリスト」を「神」と同一視したり「主」と呼んだりして、「イエス」と「神」との区別がちょっとつかなくなっているのが今のキリスト教の状態なので、しかたがないかなとは思ってはいるのですけれども――そうした「イエスないしは神」と「自分」とが祈りによって結ばれて、神と共に悪魔と戦ったりするというか、自分の間違ったところは神に許しを請うたりするというような感じ、そういうかたちでのあの世とのかかわりをつくって、自分の宗教的な努力・精進がなされるということです。

　これは、ある意味で「霊的な部分が一部残っている」ということなので、ありがたい面はあるかと思います。

ただ、教会も、この世の発展に負けつつありますので、非常に奇跡も起きにくく、大変であることは事実であります。

病院に行っても「唯物論の山」ですので、教会はなかなか手を出せなくなってきているという現実は、いかんともしがたいところがあります。病気なども、ある程度、この世的に、技術的に治せるものは治してもいいと思うのですが、あまりに間違いが多い場合もあります。医学的に訊いてみると、「理由が分からない」「原因が分からない」というものの数がものすごく多いのです。しかし、とりあえず病名をつくって付けるとか、とりあえず「こうではないか」という仮説を立てたりすることが多いのですが、分からないものが多いと思います。

そのときは、やはり、「神様との関係をもう一回見直す」ということも大事です。

人間としての生き方に問題があったり、現在の自分に問題があったり、家庭のなかに問題があったりするならば、それを見直してみる。それから、神の下(もと)で反省をしてみる。そして、未来の行動の仕方を変えてみる。そういうことも大事かと思います。

そういうかたちで、幸福の科学においても、「病気が治る」というような奇跡が数多く起きています。本当であれば、病気が治った話などで映画をつくったなら、すごい「奇跡の山」なのだろうとは思います（編集注。その後、ドキュメンタリー映画「奇跡との出会い。――心に寄り添う。3――」〔企画・大川隆法〕を製作）。

キリスト教徒でも、「ルルドの奇跡」といっても、なかなか認めないぐらい厳しいので、そう簡単ではないかもしれませんけれども、現実には奇跡は数多く起きます。

そのときに、幸福の科学は自力を中心に説いていますけれども、基本はやはり、神様との関係をつくり、努力することが大事だということです。

自己実現的なものとしては、「念（おも）いは必ず実現する」ということで、「自分で念って、やる」というものも当然あるのですが、これも、あまり自分自身のなかだけで止めすぎると、この世的になってしまうことはあると思います。

例えば、「セールスマンが売上を上げるための祈り」という感じになってしまうこともありますので、やはり「もっと上位のもの」をちゃんと意識しておくことは非常に大事なことではないかと思います。

イエスを天なる父として指導していたのはエル・カンターレ

また、キリスト教徒は、「イエスは神なのか、主なのか」、何だか分からなくなっています。

しかし、『聖書』にはっきりと書いてあるように、「イエスには天なる父がいて、天なる父の言葉が聞こえて、ときには、天なる父がイエスと一緒に御業を起こして病気を治したり、人々に説法をするのに言葉を与えたりしていた」ということは明らかです。当会の現象を見ても明らかに分かるだろうと思います。イエスと天なる父は別のものです。

そして、「そのとき、天なる父として指導していたのは、エル・カンターレである」ということを、私のほうは述べているわけです。今のところ、キリスト教会やキリスト教徒から何ら批判は一回も来ていないので、いちおう認めてくれているのかもしれないし、無視されているのかもしれません。そのあたりはよく分かりません。

日本では、「キリスト教徒は人口の一パーセントもいないし、実際はもっと少ない」とも言われているので、（当会には）「とても敵わない」と思って、黙っているだけなのかもしれません。

幸福実現党の党首が総理大臣席に座ったりし始めたら、それは大変な感じになるかもしれませんが、まだしばらく猶予があるように思いますので、今のところは言っても大丈夫かとは思っています。

私としては、教えとしては言いたいことは遠慮なく言っているつもりではあります。

自分でできることは自分でした上で、進退窮まるときには「祈り」を

奇跡に関しましては、まだまだ、起きたり起きなかったりと、法則性がかっちりとは確定しません。

奇跡というのは、一定の割合で、みなさんが「この世ならざるものもあるのではないか」と思われるぐらいには起きるのですが、「必ずそうなる」というところまでやってしまうと、この世がこの世として、三次元世界で独立している意味

がなくなるので、どうしても、そういうふうにはならないところがあるわけです。

楽をしてやろうとすると、室内の電気のスイッチを切るのでも、「神よ、スイッチを押したまえ」というようなことを言い始めるかもしれませんが、「いいかげんにしなさい。立ち上がって、自分でスイッチを消しなさい」と言いたくなるわけです。やはり、そこまで全部祈りでやるなというところがあります。

要するに、「人間が自分でできることは自分でやりなさい」ということであり、「進退窮まって、『もう、どうしたらいいか分からない』と、悩んで悩んで困っているようなときに祈ってくだされば、道が開けるように努力して差し上げる」ということなのです。

「神よ、インスタントラーメンが今日はないのですけれども、ラーメンの材料を置いておきますから、これを自然のうちにラーメンとしてつくり上げてください」と言われても、「そんな暇はない」ということです。だから、それはやりません。そういうことはありませんので、自分でやってください。

ただ、「無職になって収入がなくて、食べていけません」というようなときには——もちろん、就職活動は個人としてはやっていただきたいとは思いますが——お祈りなどはしっかりとされてもいいと思うのです。力が満ちてくると思います。

例えば、「おそらく私には使命があって、それを果たしたいと思うけれども、今、経済的に力がございません。どうか、よい人に巡り会って、よい職場に巡り合って、よりいっそうの仕事ができますように」というようなことを祈れば、ちゃんと、しかるべきときに協力的な人が出てきます。

おそらく、現在でも、十人に一人ぐらいは、祈りをかければ、ある程度、通じる人が存在するのではないかと思います。十人に一人ぐらいは、その祈りが通じるというか、何となく分かる人が、そのくらいの率ではいると思うのです。

もし、そうした他の人の力を借りなければ道が開けない場合等は、エル・カンターレを中心に――ほかにも祈願はたくさんありますが――祈っていただければ、道は開けるようになるのではないかというように考えます。

5 奇跡は信仰者の「勤勉な努力の積み重ね」から

幸福の科学が立宗三十年以上続いていることの背景にあるものとは

これから、企業をやっていて困難な方も、いろいろといらっしゃると思いますが、実際、難しいでしょう。

昨日聞いた情報ですけれども、「今は、企業を始めて三十年たって生き残っている率は、五千社に一社だ」とのことです。

うちは企業とは言えないけれども、幸福の科学は（立宗して）三十二年目に入ったので（説法当時）、五千分の一の可能性を突破していて、まだ続いてはいます。「企業ではないから違う」と言われても、（グループには）幸福の科学出版もあります。これは株式会社なので、それで言えば、五千社に一社ぐらいの残り方でまだ頑張っているのです。

ですから、そんなにバカにされたものではありません。文春とか新潮とかは大勢の書き手に外注しているし、なかでも大勢で書いています。講談社ぐらいになってきたら、おそらく著者を一万人ぐらいは抱えていると思われます。それで、何とか、「よっこらしょ」と、約千人の社員が食べていけるわけです。

うちは、いろいろな人が書いてはいますが、基本的に、著者一人でもっているような出版社です。「これで三十年以上続いている」ということは、「実際は、五千分の一ではなく、もっともっと率の低い奇跡が起きている」ということです。ほかの出版社から見たら、「こんなのありかよ」というぐらいのことになっています。

そのため、宗教のことがちょっと悔しくて、いろいろなことをおっしゃるのだろうと思いますが、「嫉妬も半分はある」と思って、あまりまともには聞きすぎないようにお願いしたいと思います。

彼らにしてみれば、「自分たちは、これだけいろいろな著者のところに行って、『書いてくれ、書いてくれ』とお願いして、毎週のように行っては、原稿を取ってくるのが大変なのに、何もそんなことがなくて、本がボコボコ出る。年に百冊以上も出るというのは、いいかげんにしてくれ」という感じであろうかと思います。

まことに申し訳ないという気持ちもあるけれども、「これが神の力である」と言えば、それまでです。こんな〝力仕事〟で実証しようとしている人は今までいなかったのではないかと思うのです。

私は、「勤勉も力である」と考えています。私自身が個人的に怠け者だったら、こういうことは起きないので、「勤勉さも、ある程度の力ではある」と思っています。

有名な作家とかが、独立したくて、自分で月刊誌なんかを出しても、〝三号雑誌〟ということで、「だいたい三号目ぐらいで潰れる」といわれています。これが普通の法則なのです。

そういう意味で、「月刊『幸福の科学』が始まって以来、別に原稿に困ったことも一度もないし、要求されたことも一回もない」という状態なので、それは当然そうでしょうけれども、非常にありがたいことだと思っています。

この背景には、やはり、個人的努力以外にも、「天上界からの数多くの支援を受けている」「無限の智慧の海から力を受けている」ということが非常に大きいのです。これについては、何度、謙虚に感謝しても、きりがないと思っています。

私自身も、修行はまだまだ未熟なので、「未熟な私で、こんなに偉そうなことを言って大丈夫かな」と思うことはよくあるのですが、よそ様の修行はよほど緩いのだろうと思います。こういうことを言ってはいけないかもしれませんが。

宗教法人は十八万もあり、いちいち見たことはないので、（ほかの宗教のことは）よく分かりませんが、「神様、仏様のご指導がそんなにない」というのであれば、「緩くやっているのかな」とは思います。

この世的に、ある程度、勤勉に真面目に王道で努力していれば、それなりの実績は出てくるものではないかと思っています。

毎日毎日「今日は何か前進したか」を繰り返し自分に問いかける

ですから、本当は奇跡がたくさん起きてはいるし、この活動自体も奇跡だし、みなさんが生きていることも、みなさんがさまざまな仕事ができることも、また、私たちも国内や海外でいろいろなことができることも、もう奇跡の山であるのです。

その奇跡は、信仰（しんこう）を持つ者の、「毎日毎日を無駄（むだ）にしないで、勤勉に積み上げていく」という数多くの努力によって成り立っているものでもあるのだということです。

自（みずか）らが神の子であることを証明しようとしたら、やはり、その一日一日を輝（かがや）かせ、光らせていくことが大事なのだということです。

遠大なことを目標として考えたり構想したりすることも、ときには必要ですし、年初などには特に必要かもしれません。それはそれとして必要ですが、やはり、毎日毎日、一歩一歩、「今日は何か前進したか」ということを繰（く）り返し自分に問いかけていくことです。これが前進の秘訣（ひけつ）です。

今日は、「二千七百回目の説法（せっぽう）」ということになっていますが、それは、「外に出ているものが二千七百回」ということで、出ていないものは、実はもっとあります。

去年は、公式には百三十二回ぐらいは記録されていますが、実は非公式で録(と)ってあるものが、さらに三百回ぐらいあるのです。

この非公式のものは何かというと、「個人の人生相談もの」とか、あるいは内部でいろいろ混乱しているところとか揉(も)めているところとか、悩(なや)んでいるところとか、いろいろなものに対する、さまざまな高級霊(こうきゅうれい)からのアドバイスとか、そういうものです。

一部の人には必要だけれども、ほかの人には聞かれたくないようなものは公表しないので、公式に出したものは百三十二本ぐらいですが、非公式のものは去年だっておそらく三百本以上まだあるのです。

だから、裏説法がもっともっと、ずっとたくさんある。その裏説法の部分が、実は出汁(だし)みたいに効いていて、表の側でチラチラと、いろいろなところで出てきていたりします。

当会の幹部とか支部長とかが何かのたまうときには、実はその裏説法から出ている情報が挟み込まれることもあるようです。（信者のみなさんが）「あれ？　聞いたことがないようなことを言っているな」と思い、講師がニタッと笑ったりしているのは、だいたいそういう部分のところです。職員限定とか、幹部限定とかで聴いているものがあります。こういうものも裏にはまだあって、私は講演会をやっているのです。

「今年は何かをやり遂げた」という実績を残せるように戦い抜け

そういうことで、今年は、謙虚な目標として、（累計の説法回数）二千八百回以上はやりたいなと思っています（編集注。説法当時。二〇一八年九月に二千八百回を達成）。

どうか、みなさん、ついてきてください。そして、前進しましょう。

絶対、前進！　後退はありません。

今、宗教の原点に戻って、もう一回、「心の問題」に戻したり、ローコスト経営でボランティアの力も使いながら広げていこうとしていますけれども、潰れかけの週刊誌が言っているように、当会が衰退しているようなことは絶対にありません。数字がまったく違います。「自分の会社に合わせて言わないでください。それは、おたくの会社の数字でしょう」とやはり言いたくなるようなところがあります。

教団としては、前進を目指してやっておりますので、次は、「新しい世代を取り込んで、もう一段大きなうねりを起こしたい」と思っています。私も二千八百回以上今年は講演をするように頑張りますけれども、みなさんも、毎年、「今年は何かをやり遂げた」という実績を自分で残せるように、一年一年を戦い抜いてください。

第3章

光を選び取れ

――世の中のために尽くす人生を選べ――

二〇二〇年三月十四日　説法

宮城県・幸福の科学 仙台正心館にて

1　人類に訪れる「試練」の意味

想定外の不幸な事態が人間に問いかけるものとは

お久しぶりです。仙台は久しぶりかと思います。また、東北各地のみなさんも衛星（中継）で観ておられると思います。

いろいろと厳しいこと、つらいことが続いていると思いますので、みなさまの顔を見るだけでも少しは励ましになればよいかなというふうに思っております。

ご存じのように、（コロナ禍で）世間ではもう何もかもが「店じまい」といいますか、「中止、中止、中止」の嵐に入ってきておりまして、「集会等もできるだけやらないように」とか、甲子園も中止とか、大相撲も観客がいないとか、「（東京）オリンピックが次はもうそろそろ危ないんじゃないか」「一年延ばすか」とか、そんな議論をしておりますので（説法時点）、意外に胆力がないですね。

不幸が続いておりますけれども、仏教的には、まあ、こんなものなのです。

人生というのは、いろいろな苦難・困難があるものです。この世がそんなに〝ハッピーハッピー〟で、楽しいことばかりだったら、もう仏教などなくなっているはずです。「つらいことが多くて、憂いごとが多くて、それで人々は初めて神仏の心に辿り着くというようなこともある」ということです。

だから、この世的に見れば理不尽にも見えたり不合理にも見えたりすることもあるし、人類が一直線に進化してきたように考えている方も数多くいるのですけれども、時折、専門家たちの想定外というようなことが起きて、初めて無力さを知るという経験をするのです。

時折、「もう人間は自然を克服し、もう神の領域を完全に解明したような気持ちになっているとき」に、人間の力ではどうにもならないものを見せつけられて、いろいろな不幸なことも起きます。

不幸に遭った方々はもちろん大変なことだとは思いますけれども、長い目で見て、そして世界を見渡してみるかぎり、いろいろな、そういう不幸も含んだ事態も、「人間が、慢心したり、あるいは本来の自分の使命を忘れたりしていないかどうか」、それを試す機会にもなっているのではないかというふうに思っています。

「大いなるものに帰依する心があったか」を考えるべきとき

つい三日ほど前ですか、「三・一一」で、東日本大震災の満九周年で、いろいろなことをやっていたと思います。

二万人近い方が亡くなられたり、行方不明になったりしていますので、大変なことではあるのですけれども、「諸行無常」という言葉のとおり、遺った者も逝ってしまった人も、共に、長くこの地上にいられるわけではありません。早く逝った人が幸福なこともあるし、遺された者がそれからいろいろな苦労をすることもあります。

だから、人生の幸・不幸は、そう簡単に決められることではないのではないかと思います。

また、何らかのかたちでピークを迎えて、人間が傲慢になっているときには、いずれの時代にも、地震とか津波とか、あるいは去年の台風のような風水害とか、「そこまでは予想していなかった」というようなことが起きます。そして、人間の〝天狗の鼻〟がポキッと折られる。

ともすれば、二十世紀から二十一世紀にかけての文明というのは、唯物論に完全に加担して、さらに「科学こそ学問のすべて」というような感じになって、科学技術をもって人間の知恵と考える方向に行きがちでありますけれども、そういうことで慢心している人々の鼻がポキッと折られることがあります。

やはり、なかなか予想のつかない事態があって、そのつど絶望の底に突き落とされることがあるけれども、長い歴史のなかで、そんなことは繰り返し起きていることです。

また、人間の価値観が間違ったり、間違った価値観に基づいて大きな紛争や戦争がいっぱい起きているようなときに、そうした天変地異、自然災害等が数多く起きてきたというのが現実であると思うのです。

そういうことで、不幸は不幸として残念ではあるけれども、私たちは、「不幸に負けずに元気に立ち上がる」という使命もあると同時に、「不幸のなかにあって、まだ自分たちの未熟なるところ、まだまだ届かない大いなる力があるところに対して、謙虚に畏怖の念を持つべき」だと思います。それは、小さな意味での悪を押し流して、もっと大きな意味で、この地上を大掃除し、掃き清める効果があるのではないかと思っています。

だから、マクロの意味で、「日本全体とか世界全体をどういうふうにすることがいいのか、悪いのか」ということで、「人間が考えていること」と「神仏が考えていること」のなかには、おそらくは差があるであろうと思います。

その大きな差の部分が人間の頭でどうしても埋めることができないならば、それを深く考えて、「心のなかに、大いなるものに帰依する心があったのかどうか」を、もう一度考えていただきたいというふうに思っています。

2　救世主が生まれる時代とは

地球の人口が急増する時代に待ち受ける「大きな試練」

特に、今現在、進行形の課題としては、中国発のコロナウィルス感染(かんせん)による肺(はい)炎(えん)、および肺炎による死亡等が世界中に広がっていて、WHO（世界保健機関）が、パンデミックといいますか、大流行、「止められないぐらいの世界的な広がりを見せている」というような判断をしておりますし、新聞あるいは週刊誌等にも、「世界大恐慌(だいきょうこう)が来るのではないか」というような、そういう予想も当然出てはおります。

いずれにしても、目先のことを考えるかぎり、そんなに〝ウェルカムなことではない〟のは間違(まちが)いないことですけれども、「長い意味で、人類史に、今、何かの警告が下りているのではないか」ということを読み取るのも智慧(ちえ)の一つではないかと思います。

二十世紀の初めごろには、まだ世界の人口は非常に少なかったと思います。十億や二十億、そんなものだったと思います。私が講演を始めたころには、まだ、「世界五十億」ということを言ったり、「五十二億」と言ったりして、そのうち「六十億」と言ったりもしていましたが、今、もう八十億に近づいています。

ただ、無制限に、この地球上に一直線に百億まで人口が増え続けるとは、やはり思っていないので、「それまでの間に何か大きな試練が来るであろう」ということは、想定はしておりました。

それから、誤解をされてはいけないと思うことがあります。

日本人だけは、ちょっと、楽天的に、「救世主が生まれるのなら、世の中が、めでたく、よくなるのだろう」と思っているでしょうけれども、西洋社会の常識では、「救世主が生まれる時代というのは、この世では大変な事態が起きている。そういう、世も末と思うような事態のときにしか生まれていない」というのがだいたいの考え方です。

国ごと滅びるとか、あるいは、もう文明が終わるかというような、そういう事態、「もうどうしようもない、人々が絶望しているような事態のときにしか生まれない」というふうに言われております。

日本人は、「救世主が生まれた」と聞くと、「ああ、よかったですね」という感じなのですが、諸外国では、「救世主が生まれた」「いや、認めたくない」「なんでですか？　信仰心はないんですか」「いや、それを認めるということは、世の中には大変なことが今迫っているということを意味するのだ」というのが彼らの常識であるのです。

それがどの程度まで起きるかは、これからみなさんが見ることになると思います。

「中国発・コロナウィルス感染」であることを忘れないでほしい

公式な発表では、「おそらく新型のコロナウィルスの感染者は十万人を超えており、さらに、もう亡くなった方は五千人を超えている」と言われています（説法時点）。

ただ、これは役所とかがつかんでいる、病院などで把握している数字であり、そうした検査とか入院とかができなかった人たち、あるいは、ほかのものと一緒にされてしまったような人たちもいますので、実際の数字は大きく違うものになっていると思います。

私が霊示として聞いているものとしては、「天文学的な数字になるだろう」ということを聞いていますので、「十数万人が感染した」とか「五千人超の死者が出た」というのは、まだ「天文学的」という言葉には当たっていないのではないかというふうに思うのです。二週間かそのあたり、休校したり店を閉めたり、コンサートとか集会をやめたりすれば、それで収まるようなものではおそらくなかろうというふうに思っています。

けっこう世界中に広がり始めて、だんだんに初期のころのことを忘れて、みんな、「世界に蔓延しているものだ」と感じるようになってきております。だけれども、私の本にも書いてありますように、「中国発・コロナウィルス感染」なのです（『中国発・新型コロナウィルス感染 霊査』〔幸福の科学出版刊〕参照）。ここを忘れないようにしていただきたいと思います。

中国の報道官などはもう、最近、もう言い方をクルッと変え始めて、日本発の、日本で変質して新たに広がっているコロナウィルスみたいな言い方をちょっとしたりして、〝日本発のウィルス〟になりかかったりしていることもあります。

そういうのがあるかと思えば、つい一日前ぐらいには、アメリカの上のほうの方の発言に反発するかたちだと思いますけれども、「米軍が中国の武漢に何らかのウィルス攻撃をしたのではないか」というようなことを報道官が言い始めています。これはさすがだなとは思いますが、（中国が）いつもやることです。

今回、殊勝に何か認めて、健気に中国が「申し訳ないことをした」みたいなことを最初は言っていたのですけれども、世界中に広がると、もうだんだん分からなくなってき始め、世界地図が全部〝真っ赤〟になってきています。そうすると、「米軍が、もしかしたら、そういう生物兵器で攻撃したのではないか」というようなことを言って、自分たちの責任と言われないように持っていこうとするロジックを持っていますので、ちょっと驚きですけれども、長く続くと分からなくなることもあるかと思っています。

ただ、私の見るところでは、「中国の武漢にある、ウィルス等を使った〝生物兵器研究所〟のウィルスが、何らかのかたちで出たものだ」と推定しております。

これが私の本で出て、ほかのところでも引用されてきていますので、それで、躍起になって、「アメリカが仕掛けたかもしれない」とか言い始めているのではないかと思います。

そういう意味で、「姿の見えない幸福の科学が、ある意味で、裏から影響を与えている」ということかもしれませんけれども、このへんのところは、どうか、感情に流されずに、じっと、しっかりと見たほうがいいと思います。

これは「中国人をヘイト（憎悪）しろ」という意味ではありません。「よろしくないのは中国の政治体制で、そのなかに問題がある」ということを述べているわけです。「情報を隠蔽し、操作する」ということを国のほうでやりすぎるし、報道機関は全部国営ですので、「いくらでも操作できる。数字は操作できるし、隠蔽できる」というようなことに慣れています。ただ、「世界規模に影響を及ぼしたときに、そんなものでは済まないのだ」ということだと思うのです。

今後、そういうふうな言い方で、「外国がこれを仕掛けた」とか、いろいろ言うかもしれないし、「日本が実は発信したのだ」などと言われ始めると、もう、ちょっと困るなと思うのです。

それをおっしゃるなら、武漢のウィルス研究所にＷＨＯが入って、マスコミのカメラの前でちゃんと調査を公開して、やるべきだと思います。それをさせないなら、言う資格はないと思います。

少なくとも、最初、武漢中心に広がって、（人口）千数百万のところを閉鎖したのは、間違いなく中国の北京政府ですので、「本当は何らかの大きな事故があったことを知っていて、それを隠蔽していた。そして、収まるだろうと思っていたら、予想外に広がってしまって、隠せなくなって、とうとう対策をし始めた」

という、このプロセスは知っておいたほうがいいと思います。

これは「中国の人たちが悪い」と言っているわけではありません。「彼らを今抑え込んでいる支配体制のなかに間違いがあるのではないか」ということを言っているわけで、「もうちょっと真実を国民に知らせ、海外の人にも影響を及ぼしているなら、そのへんをはっきりとさせるべきだ」ということだと思います。

「無神論・唯物論の遺伝子、共産党ウィルス」対「信仰の免疫、抗体」

日本などは、「湖北省からの人は入れない」とかいうようなことはやっていたけれども、あとの中国のところからは自由に来られるようにはなっていましたので、中国と韓国とが「日本人が中国や韓国に来るのを禁止する」などという措置を出して慌てて、「これは何か逆になってきた」というようなことで、少し厳しくなってきたようです。

一千百万人ぐらいいた武漢市を閉鎖したときに、武漢市の人口はもうすでに五百万人ぐらいになっていて、六百万人ぐらいはそこからもう逃げ出し、中国全国に逃げているのです。「ほかのところから日本には入れるから」ということで、「日本を経由して他の国に移動する」ということをだいぶされたので、それで世界中に広がったところはあります。

その意味で、日本の政府の対応は、残念ながら、遅きに失しており、やはり、「経済的な利益が真っ先に念頭にあった」と言わざるをえないと思います。経験のないことであるから、多少しかたがないと思う面もあるけれども、お人好しであってはならないのではないかと思います。

私のほうとしては、「おそらくは、こんなもので、二週間ぐらいいろいろなものが止まったぐらいで収束はしない。もうちょっと行くだろう」と思っています。

ただ、これは、当会が打ち出しているとおり、実は、「無神論・唯物論の遺伝子、共産党ウィルス」対「信仰の免疫、抗体」との戦いでもあるのだということを知っていただきたいと思うのです。

「無神論、唯物論的なものの考え方が世界を席巻して、世界を制覇される」ということは大変なことなのです。

イタリアみたいな、バチカンがあるようなところでも、ものすごい数で今増えています。ローマ教皇が、中国でやっているキリスト教徒を信仰の下に導くことができないで、中国の政治力に屈したこともあるし、さらには、「一帯一路」戦略で、中国の経済を頼りにして大きく門戸を開いたことが、ああいうふうに人数が数多く広がった現象になっていると思います。

韓国なども、やはり、中国依存をだいぶやっていたのが大きく響いているだろうというふうに思います。

（コロナ禍は）まだしばらく続きます。ですから、私たちの考え方といたしましては、今までの一本調子なかたちでのことはできませんので、もう一度ゼロベースで、すべてのものをやり直すぐらいの気概が必要だということだと思います。

東日本大震災みたいなものも起きました。そのときには、もうどうにもならないと思ったけれども、歳月が過ぎて、少しずつ少しずつみんなも立ち上がって、東北のほうもベンチャー企業なども出てき始めています。

広島に原爆が落ちたときも、もう終わりのように思えたけれども、また見事に再建されています。阪神淡路大震災のときの神戸は、もう終わったと思われましたけれども、見事に全部立ち直っています。

だから、そういう被害を受けることもある、理不尽に見えることもあるけれども、それからさらに復興して強くなってくるものもあるということです。

3 日本よ、国として自立せよ

コロナ禍にあっても「自分たちがやれることから日々やり直すこと」が大事

私は今、みなさまがたに申し上げておかねばならないことは、「こうしたコロナウィルスによる被害は、まだまだ世界的には広がると考えておいたほうがいいので、短期間で終わるとか、三月中ぐらいに終わってまた元通りになるなどと、安易に考えないほうがいいと思う」ということです。それから、経済的な危機、大恐慌が来るかもしれないぐらいの危機が起きるかもしれませんが、たぶん、それに近くなると思います。

これについては、去年（二〇一九年）の十月に消費税を日本では十パーセントに引き上げるときに、私は「やめなさい」と何度も言ったのですけれども、聞く耳を持たなかったら、こういうふうになってきているということは知っていただいたほうがいいと思います。だから、政府のほうが構想していた〝バラ色の未来計画〟は、全然そのようにならなかったということです。

当時、「（消費税を）上げるべき時期ではない。今上げたら景気の回復がなくなる」というようなことを言ったのに、それどころではない状態に、今、なっています。

それから、去年の十二月のエル・カンターレ祭では、「中国発の大不況が、日本にも押し寄せるかもしれない」ということを、もうはっきり申し上げておりましたが（『新しき繁栄の時代へ』〔幸福の科学出版刊〕参照）、現実はそのようになっています。

ただ、起きたことは起きたこととして、私たちは自分たちがやれるところから、やはり日々をやり直していくことが大事です。

昔はもっともっと貧しかったし、もっともっとつらい時期はあった。昭和の初めの不況のときにだって、東北はつらかった。多くの人は餓死し、子供を売り飛ばすような時代もございました。そんなときも経験してきています。

乗り越え乗り越え、人類は勉強して、やっていかねばならないことがあるということです。

そういうことを考えますと、もう一回、原点に戻って、「何がやれるのか」ということを考えることが大事なのではないかと思います。

食料やエネルギー自給率を高め、工業の生産体制をつくることが必要

特に今、考えてほしいことは、「世界は貿易で成り立っていて、戦争がなけれ

ばうまくいく。経済は発展するのみ」というふうに考えていたのが、その前提がかなり崩れてきている。いろいろなところでの戦争が起きつつあるし、「入ってくる」と思っていたようなものが輸入できなくなったり、「輸出できる」と思ったものが輸出できなかったり、「部品は海外のここでつくっていれば全部使える」と思ったものが入ってこなくなって生産が止まるというようなことがいっぱい起きています。これが教えているものは何かというと、「万一のときに、国としてある程度自立していけるかどうか」という観点を、もう一回、学び直すべきだということです。

特に、食料においての自給率が四十パーセントを切っていますが、「食料自給」ということであれば――まあ、ほかのところもそうですけれども、東北などはやはり、「日本で、もし外国からの輸入がなかった場合でも、日本人が食べていけるようにするには、どういうふうな自給体制をつくるべきか」という観点から、農業のあり方、漁業のあり方等を、もう一回考え直すべきだろうと思います。

それから、工業にありましても、「賃金の安い外国にいろいろな工場を置いて、そこから輸入して日本で仕上げだけする」とか「内需を使って、売って儲ける」ということだけを考えていたものから、やはり、「地方にいろいろな工場をちゃんと建てて雇用を生んで、地場の人たちが働いて仕事ができる体制をつくる」ということは、単に賃金の高い安いだけの問題ではなくて、その国を維持していく上でも大変なことなのだということです。非常に必要なことです。

海外渡航の禁止のようなものを諸外国でやられたら、もうそんな貿易も何も成り立たないし、ビジネス契約も成り立たないのですが、そういうことを考えていなかったと思うのです。

だから、食料の自給率を高めること。それから、工業等でも、国内で一貫してものをつくれるような体制をなるべくつくり上げていくこと。

さらに、エネルギー供給のところにおいて、何かを押さえられたら日本全体が回らなくなるというようなことは極力避けるべきであるので、「どうやったらエネルギー自給率を高められるか」ということは、コスト以上に大事なことです。エネルギーが止まると、現代文明としては崩壊に入りますので、何としても、この部分も乗り越えなければならないというふうに思っております。

「おかしいものはおかしい」と言える日本になるべき

そういうことも含めて、この十年余り、いろいろな情報を発信してきたのですけれども、なかなか、マスコミの方々も分かってはくださらないし、政治家の方々も分かってくださらない。私たちが言っていることがよく分からないようではあります。

それから、北朝鮮についても長らく言ってきているのですけれども、こんな、コロナウィルスが世界中に広がってみんな大ショックで、大恐慌が起きてきているときに、まだ機嫌よくミサイルを発射して実験したりしているような国で、もう本当に、タイムスリップしてどこかに行かれたらいいのではないかと思うような、「国ごとどこか、宇宙のどこかの星に移動されたらどうですか」と申し上げたいぐらい、ズレている国です。まあ、かわいそうと言えば、かわいそうなのですが。

やはり、「おかしいものはおかしい」と言えるような日本にならなければいけないのです。その意見が言えないような日本では、やはりよくないと思います。だから、多少、耳には痛いかもしれませんが、日本はもっと力強い意見を発信できるような国にならなければいけない。

その根本は、日本自身にもう一段、強い力が甦ってくるようにならなければいけないと思うし、単なる統計予想的に、「二〇五〇年までに世界二十何位のG

ＤＰに落ちるだろう」というようなものを、そのまま受け入れるわけには相成りませんので、「いや、そんなことはありません」と。「この世界三位（説法当時）からもう一回、チャレンジ、かけます！」という力強い復興の意欲がなければならないと思います。

4　世界の未来を導く「新しい教え」とは

世界は今、「光を取るか、闇を取るか」という狭間に来ている

そして、何よりもの、その理由の一つが、今、この二十一世紀の日本で、世界の未来を導いていくための新しい教えが説かれていて、「宗教対立」や「民族対立」「肌の色による対立」、こういうものを乗り越えようとしている幸福の科学という教えが今広がっているのだというようなことを、もっとはっきりと認識していただく必要があります。外国でもまだまだ十分には知られていませんが、国内でも「名前は聞いたことはあるけれども……」ということで、ほかの宗教との違いが分からないような方が数多くいるように思います。残念です。

もうはっきり言いまして、エル・カンターレ下生で、「日本人よ、この導きの手を見て、それについていこうとしなさい！」ということを言えなかったら、この国はズルズルーッと沈んでいくということを言っているのです。

それが、歴史で後ほど学ぶようなことになるか、今現在気づいてそうなるかということを、教えているつもりではあります。

天上界から啓示を受けてもう三十九年になります（説法当時）。三十九年やり続けているのです。一貫しています。

私は、筋を曲げない男です。簡単には妥協しません。正しいと思ったことは貫きます。

三十九年やり続けて、まだ、日本全体が目覚めるところまでは行っていない。ならば、もう一段、やり続けることが大事だということです。

最近出ている、ある本によれば、「幸福の科学の信者数は一万三千人だ」などと書いてあるのですけれども、ネパールに私は一回だけ巡錫に行きましたが、ネパールでも七万数千人の信者を持っています（編集注。説法当時。二〇二四年九月現在、ネパールの信者は十万人を超えている。『大川隆法 インド・ネパール巡錫の軌跡』〔幸福の科学出版刊〕参照）。そして、ものすごく大きな精舎を建てています。ネパールに大きな地震があったときに、ものすごく頼りにされました。

そういうことが世界中に広がってはおりますが、この主たる日本がもう一段の力強いパワフルな影響力を持った国にならなければいけないし、みなさんがたもそのための力を発揮してくださらないと、私一人が吼えているだけではなかなか十分に行かないところがあると思います。

そして、この程度の、日本の国内での小さな人口と市場のなかで、出版社に嫉妬されたり、他の宗教に嫉妬されたりもしているのだろうと思いますけれども、こんな小さな嫉妬に負けては駄目だと思います。私たちはもっと大きな成功をしなければいけない義務があります。そうしなければ、世界を救うことはできません。

だから、「ほかの宗教に比べて大きくなったのが許せない」とか、近所の宗教から見て「ちょっと大きいものを建てたから許せない」とか、そんな感情もあろうかと思いますが、こんなものは小さい、すごく小さいことです。もっともっと多くの方に知られていかねばならないのだということを知ってもらいたいと思っております。

世界は今、「光を取るか、闇(やみ)を取るか」という狭間(はざま)に来ていると考えます。私たちは、「いったい何が光であるのか、何が闇であるのか」ということを示す義務があります。

しかし、それはもう本当に、三十数年、いろいろなかたちで説き続けてきましたけれども、まだまだ十分には伝わり切ってはいませんし、「言論の自由」というものも、とても尊いことではありますけれども、それが、「AでもBでもCでも何でもいいというようなことであってはいけないんだ」ということを知ってもらいたいなと思うのです。

だから、選び取らなければいけないのです。考え方はたくさんあります。たくさんの考え方があります。でも、神仏のほうが選び取ってもらいたい考え方というのは、明確にあるのです。これをやはり知ってほしいということであります。

「愛・知・反省・発展」の四つの原理に集約された幸福の科学の教え

当会における基本教義は信仰心――「エル・カンターレという、地球の大きな宗教を数多く創り文明を創ってきた霊存在があって、その教えをこの地上に降ろそうとしているので、これを広げて、人間の生き方としなさい」という考え方です。

そして、それは翻訳されると、「正しい心のあり方」ということになるし、その「正しい心のあり方とは何か」ということになりますと、「愛の原理」「知の原理」「反省の原理」「発展の原理」という四つの原理に分類されるということです。この四つに集約されている。

「愛の原理」というのは、「人に愛を与えること」をもって原理とするということ。「奪う愛」のことをみんな愛だと思っているけれども、そうではない。「奪う愛」をもって愛とすると、自分が好きな人が自分に振り向いてくれないと、その人が嫌いになる。そちらが嫌いになる。取ることを考えていると、取れなければ嫌いになる。こういうことが繰り返し起こっている。地上的な愛のあり方です。しかし、人に「与える愛」というのを基本的に持っていたら、そういうふうにはなりません。だから、そうした「愛の原理」です。

それから「知の原理」です。地上の学問とか教育のなかで教えているものがここ百年、二百年で大きく変わったものがあるということです。「魔術からの撤退をやって、教会からも切り離されて、人間は人間界で自由になったんだ」というような考え方もあり、それは一部肯定できるところもあるのですが、しかし、それは、「神と子の絆を断ち切っていい」というような、そうした知識や教育であってはならないのです。

この世的に自分たちの知恵を出して、よりよい社会をつくることは大事なことだけれども、「その上にある神仏の存在というものを否定するような、そういう現代人になったら、これは、何らかの大きな反作用が来ることは覚悟しなければいけないですよ」ということを教えなければいけないと思っています。

それから、「反省の原理」です。

私は、西洋型の宗教、キリスト教などを中心にする宗教のように、「過ちを犯したら全部、地獄に堕ちて、もう二度と天上界には上がれない」というような考え方は説いていません。人は過ちを犯すものではあるけれども、「反省の原理」――「反省をするということによって人間としての仏性に目覚めたら、立ち返ることができて、地獄に堕ちている者も救うことができる」ということを説いています。

だから、地獄にいる人たち――ご先祖たちも含めて――を立て直すためには、地上にいるみなさまがたが仏法真理を勉強して、彼らに導きを与えることが大事であるということを、「反省の原理」で説いています。

そして、「発展の原理」では、「地上のユートピアというのは、唯物的なユートピアだけではなくて、こうした仏法真理を織り込んだかたちでの発展形態、繁栄形態をつくるということです」と説いています。

私が言っている地上ユートピアというのは、「神の国をこの地上につくり上げる」ということです。「神の心を映した世界をつくり上げる」ということです。

そのなかでは一部、私のほうも厳しく批判したりするようなこともありますけれども、どうか、導きの方向を間違わないでいただきたいということです。この世だけの発展を考えれば、本当に唯物的に考えて、科学万能で考えればいいようなところもあるのだけれども、それを超えたものがなければいけないということです。

私たちは決して、原始返りを勧めているわけではありません。リニアモーターカーなども推進しています。それは、ある意味では、この世的な唯物論や科学的、技術的な発展とも軌を一にするものではあります。

ただ、そうは説いてはいるけれども、それは、「より多くの富を生み出すことによって、世界の貧しい人たちをさらに発展させていくための道をつくって、導いていく、そういう灯台の光でありたい」という気持ちから言っているのです。

だから、「日本発の宗教が世界にその教えを広げていくためには、この出発点であるところが、もう一回、力強い快進撃をしなければならないのだ」ということを述べているということです。

既成事実のなかにある「おかしいもの」を打ち破る力を持て

この世に生まれて、人間としての肉体を持っておりますので、私のこの世での活動も有限であることが残念でなりません。この世での原理は、なかなか難しい。限界があります。

ただ、あと申し上げられることは、「みなさまがた一人ひとりが持っている『仏子としての力』『仏の子としての力』『神の子としての力』を最大限に発揮して、戦い、繁栄をし、そして、次の時代への本物の仏国土ユートピアをつくって続けていく」ということです。

そういう意味で、「信仰に目覚めた者が、それに基づいて、発展・繁栄の国をつくっていく」ということは大事なことです。

それは、ある意味では、例えば芸術的な発展・繁栄もあります。先ほどもご紹介があったように、芸術的にも世界に発信して、日本国民でも本が読めないという人たちにも教えを届けたいという気持ちがあります（編集注。当日、会場では、本説法が行われる前に、当会の映画が国際映画祭において賞を受賞したことを伝える映像が上映された）。

また、政治のほうも十年余りやっていますけれども、まだまだ本領を発揮するところまで行きません。

この国は、不思議なことに、正しいことを言っているところは評価されなくて、嘘を言うところがたくさん票を取れるような国になっておりますので、「嘘を言っている」ということはみんな分かっているのに、「うまく騙されたい」という、騙されることの陶酔感に酔いしれている方がいっぱいいいます。

小さなことでは目くじらを立てて、選挙違反とかで取り締まったりするのですけれども、一万五千人とかいう大勢の人を呼んで「桜を見る会」などやって、一流ホテルで立食パーティーをやって、田舎から来た人がみんな、〝こりゃこりゃ〟やって帰れる――。

まあ、実にいいことのようには思いますが、「その政党にとってのユートピア」なのかもしれないけれども、「選挙期間外に、そうした集団買収に当たるようなことが堂々とできる。そして、それは、しらを切ればいくらでも通る」というような世の中は、マスコミも手ぬるいですが、「何かおかしい」と思ってください。

みなさんがたが選挙運動をして、千円札を渡したら、すぐ逮捕です。けれども、公然と、みなさんで桜をめでて、集まってやれば、「それは、私は一切、知りません」で終わるのです。

これはフェアではないのです。公職選挙法などというのは、フェアなものをつくるためにあるのですが、フェアではないのです。既得権力を護るために機能しています。

だから、その意味で、私たちは、もっと「ロック」でなければいけません。〝時代破壊的〟でなければいけないのです。既成事実になっているもののなかに「おかしいもの」があったと思ったら、それを打ち破る力を持たなければいけないと思っています。

そして、本当の意味での「ラブ&ピース」とは何かということを、人々に伝えなければならないと思っています。

私たちが言っている「ラブ」「愛」ということは、一般的に言っている愛とは意味が違っています。そして、私たちが言っている「ピース」「平和」というのも、今、左翼の人たちが言っている平和とは違います。左翼の人たちが言っている平和というのは自虐史観であり、他国に「いくらでも占領してください」と、呼び込んでいるような平和です。ですから、日本についてきたような国たちも占領されかねないような平和思想です。

私たちが言っているのは、そうではありません。「キチッとした自立した国家をつくって、お互いにそれぞれの文化を尊重しながら、紳士的に交流できる。しかしながら、他国が間違ったことをやっているなら、そこについてキチッと意見が言える程度の備えを持った国家をつくらなければならない」ということであり、決して、侵略的なことなどは言ってはおりません。

先ほど言ったように、これだけ世界中にコロナウィルス感染が流行って、「日本発のコロナウィルスが」などという、こんなことを言われるようないわれはないのです。こういうときに、左翼の平和主義者の人たちは、すぐ「ああ、まことにそのとおり」というようなことを言いかねないので、もう、しっかりしなければいけないと思います。

それから、「天罰（てんばつ）」というのは、やはりあるということはあるということを、どうか知っていただきたい。

「自分たちの思いだけで世界を思いどおりにできることはないんだ。ちゃんと、それに対する〝対抗（たいこう）ワクチン〟はあるんだ」ということを知らさねばならないというふうに思っています。

5　試練のなかでも戦い続け、希望を忘れるな

中国の問題でウイグル・台湾・香港から「幸福の科学だけが頼り」と助けを求められる理由

「幸福の科学は、こんなものではいけない」と思います。まだまだなめられています。もっと爆発的に行かないといけません。ネパールでは七万数千人も信者がいるのですから。

私が（ネパールに）行ったときは、国営放送を含めて三つぐらいしかテレビ局はないのだと思うけれども、そのなかの二局が、同じ時間帯に（講演会の）中継放送をしたのです。だから、全土、全国に広がっています。

アフリカでやったときは、それを当日に観られなかった人がいるので、もう何回も何回も繰り返して報道をしていたような状態です（『大川隆法　ウガンダ巡錫の軌跡』〔幸福の科学出版刊〕参照）。

日本では、地方のテレビ局の五、六局ぐらいが講演などをかけてくださってはいますし、新聞も一部は、講演の内容とか――この講演もたぶん載るところもあると思いますが――そういうことを載せてくれるところもあるので、ほかの宗教に比べれば、かなり「distinguish」（際立った状態）というか、とんがって目立って見えているとは思うけれども、まだまだこんなものではないのです。

ニューヨークで二〇一六年に講演したときには、三十年前に日本駐在員だった「フィナンシャル・タイムズ」の記者の方も来てくれました。当時、私にインタビューして、「フィナンシャル・タイムズ」という金融系、経済系の新聞の全面を使って、「日本は新しき神に頭を垂れて跪きつつある」というような感じで東京ドーム講演の記事を書いて、「イエス・キリストのときであっても、こんなに五万人もの人を集めて講演することはできなかったであろう」と書いていた方がニューヨークの講演会も来てくれましたけれども、今はそうした報道グループ、ジャーナリズムグループの幾つかをまとめたところのＣＥＯ、トップにまで上がっています。やはり、私をほめた人はちゃんとトップまで上がるのです。オーストラリア人の方です。

彼は九一年に東京ドーム講演を見て、「イエスよりもこれはもう大きい。イエスの時代よりも超えている」ということで、「日本は新しい神に跪きつつある」と、はっきりと見出しに書いています。

そして、彼が付けてくれたのが「ハッピー・サイエンス」という英語の名前だったのです。「直訳するとそうなるでしょう」ということで記事に書いたので、「自分のを使ってくれてありがとう」と向こうで言っていたけれども、私はすっかり忘れていました。忘れていたのですが、「ああ、そういうふうに使っていたのか」と思って、まあ、思いついたのですけれども。

その九一年のときには東京ドームでやりましたけれども、今はさらに三千五百カ所ぐらいは全国・全世界に衛星（中継）をかけられるぐらいの規模まで来ています。

ただ、地上的な組織をもっと強くして広げていくための、維持し、かつ大きくしていく力は必要だと思っています。

神道や仏教や、ほかのキリスト教とかを滅ぼす気持ちなどまったくございません。イスラム教を滅ぼす気持ちもまったくございません。

私たちは、彼らに、「その開祖たちが教えたことの現代的意味は何か」ということを教えているのであり、「開祖が教えたことを、今、解釈するとしたら、こういうことになります」ということを教えているのです。

日本人にとってはイスラム教なども遠いけれども、イスラム教徒たちまで、もうハッピー・サイエンスに頼(たよ)ってきているわけで、中国のウイグル自治区などのイスラム教徒の人たちは、「幸福の科学しかもうないので、助けてください」と言ってきています。カナダでも言われました。「日本の政権に頼(たの)んでも全然聞いてくれないので、もうここしかない」と。台湾(たいわん)でも頼まれました。「中国に攻(せ)め取られないように、どうしたらいいのか」と。香港(ホンコン)でも頼まれています。いろいろなところで言われています。

世界の価値観を変えるため、ロックになってぶち破れ

私たちは、世界の価値観を変えようとします。全世界、もっとロックになってぶち破っていこうではありませんか、みなさん（会場拍手）。みなさんのなかには、年代的に見れば、ビートルズ世代の方もかなりいると思いますので、ここら

でひとつ、もう一回、ぶち破る気分を持たないといけないと思います。

既成の事実ばかりを護るような、そして、嘘をついて、それを護っているようなものもあれば、マスコミのほうも、攻撃しているようなふりをしながら実は癒着してやっているような、こんな御用マスコミばかりになっています。これをやはりぶち破って、「本当の真理はこうだ！」「これに反する者よ、いつまでも生き残れると思うなよ」というぐらい、若者の気分になってもう一回グワッと持ち上げないといけません。若い者にバカにされては駄目ですよ、みなさん！（会場拍手）

東北などは特にそうだと思うけれども、もう若い者がちょっと、年寄りとかをバカにしすぎています。コツンとやってやらなければ、やはり駄目です。「智慧の量が違う。経験量が違う。学んだ人のことをよく聞け！」と、やはり言わなければいけないと思うのです。二十一世紀中に人生百歳時代は来ると言われていますから、みなさん、そう簡単に隠居するわけにはいきません。

もちろん、若い人たちに、「黙って寝ていろ」と言っているわけではありません。若い人は、汗水垂らして働いて、さらにエネルギーが余ったら、どうぞ、もっともっと活発な伝道をやってください。

しかしながら、この東北の地――特に東北の地について言いたいけれども――自分を育ててくれた父や母、あるいは応援してくれた祖父母、ご先祖のみなさまがたに感謝の念を持てないような人間は、人間ではありません。それは宗教の本道です。

だから、若い人が「正しく生きよう」と思ったら、ご先祖様、祖父母、ご両親に感謝を持って報恩をして、社会にもお返しをしていく。そういう気持ちを持つことが大事で、それであってこそ、新しい立ち直りであり、立ち上がりであるのだということです。

遊んでいるのがロックではないのです。世の中の間違ったものをぶち壊すのがロックなのです。だから、昔のロック世代よ、どうか目覚めて、立ち上がってください。若い者に、精神的な鉄拳制裁を加えて、「おまえら、ちゃんとやれ！」と、やはり言ってください。

昔は、大学紛争とかいろいろ荒れていましたけれども、そのエネルギーをもう一回思い出して、「今は神様のための革命の戦いなんだ！」「おまえら、立ち上がるんだ！」「何をしているんだ」「家でゴロゴロして、もう本当に、居候みたいな人ばかりがゴロゴロして働かずにいるけれども、『賃金が上がるといいね』とか、『政府が上げてくれたらいい』『補助金を撒いてくれるといいね』とか、そんなようなことばかり期待しないで、ちゃんと働け！　戦え！」と、そういうことをお伝え申し上げたいと思います。

世の中のために尽くす人生を選べ

震災で、かなり長期間参っている方も多いと思いますし、優しい言葉や、いろいろな補助金とか、いろいろな制度は、あって困ることではありませんけれども、しかし、私たちもやるべきことは自分でやって、「もっといい未来をつくるぞ」という気概だけは忘れずに、そして、一日一日を充実させて、やり切ることが大事だと思います。


「今日できることは何だ。明日できることは何だ」という、この戦いです。

あとは、百歳か、百十歳か二十歳までには、どこかでそれは逝きますけれども、それについては私を信じてください。

その後どうなるかは、私を信じてください。

だから、もう迷わないでいいから、
毎日毎日を輝かせて、やり切ることです。
これが非常に大事です。

「光を選び取る」ということは、
「世の中のために尽くす人生を選べ」ということです。
それが、あなた自身のためにもなるということです。
人生がこの世限りなんて、絶対の間違いです。
死んでからあとが本当の人生です。
そのための訓練期間として、この地上期間はあるのです。
そのなかでこそ、みなさんは、
苦悩のなかで、いろいろな試練のなかで戦い続けて、

「この苦しさのなかで人々に愛が与えられるか」ということを試さなければならないと思います。

コロナウィルスなんか、エル・カンターレ信仰でぶっ飛ばせ！

そう言っておきたいと思います。（会場拍手）

世界がこれから闇に沈んでいく時期がしばらく続くと思いますが、どうか、なぜか不思議に元気な人たちで溢れる地域をつくってください。

大事ですよ、希望を忘れないことは――。

やれることをやろう。

そして、希望を持とう。

「神が与えられる試練は、

〝お掃除〟も〝人類を洗濯しようとする気持ち〟もあるけれども、
その先が必ずあるのだ」
「間違っているものを一掃して、
新しいものをまた芽生えさせようとしているのだ」
ということを信じて、
どうか、人生を完全燃焼して、やり切ろうではありませんか。

『地球を包む愛』関連書籍

『信仰の法』（大川隆法 著　幸福の科学出版刊）
『自分を鍛える道』（同右）
「短詩型・格はいく集③『神は詩う』」（同右）
『新しき繁栄の時代へ』（同右）
『公開霊言　古代インカの王 リエント・アール・クラウドの本心』（同右）
『中国発・新型コロナウィルス感染 霊査』（同右）
『大川隆法 インド・ネパール 巡錫の軌跡』（大川隆法 監修　同右）
『大川隆法 ウガンダ 巡錫の軌跡』（同右）

地球を包む愛

―― 人類の試練と地球神の導き ――

2024年6月27日　初版第1刷
2024年10月3日　第5刷

著　者　大川隆法

発行所　幸福の科学出版株式会社

〒107-0052 東京都港区赤坂2丁目10番8号
TEL(03)5573-7700
https://www.irhpress.co.jp/

印刷・製本　株式会社 堀内印刷所

落丁・乱丁本はおとりかえいたします

ISBN978-4-8233-0431-6 C0014
装丁・イラスト・写真©幸福の科学

大川隆法が明かす日本文明の真実

◆ 大和の国を創りし日本文明の祖 ◆

天御祖神の降臨 ☆

「天御祖神の降臨」講義 ★

天御祖神の夢／天御祖神の降臨 ●

3万年前、日本に降臨し、超古代文明を築いた天御祖神。「武士道」の源流でもある日本民族の祖が明かす、日本文明のルーツや、神道の奥にある真実、そして宇宙との関係――。歴史の定説を超越した秘史に迫ります。

◆ 天御祖神文明の真実 ◆

天御祖神文明の真実 ☆

超古代リーディング・天御祖神と日本文明の始まり ☆

天御祖神の実在や、日本民族の起源、宇宙とのかかわりなどが、当時の真相を知る霊人から明らかにされます。「日本文明3万年説」を提言する衝撃の書です。

☆…幸福の科学出版刊　★…宗教法人幸福の科学刊（会内経典）　●……ARI Production
★の詳細は、最寄りの幸福の科学の精舎・支部・拠点までお問い合わせください。

大川隆法ベストセラーズ・主なる神エル・カンターレを知る

太陽の法

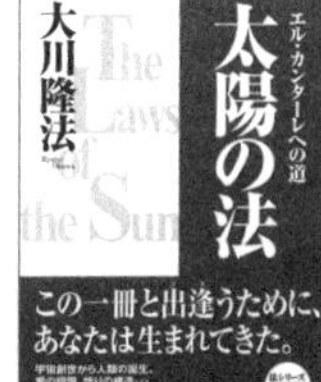

エル・カンターレへの道

創世記や愛の段階、悟りの構造、文明の流転を明快に説き、主エル・カンターレの真実の使命を示した、仏法真理の基本書。25言語で発刊され、世界中で愛読されている大ベストセラー。

2,200円

信仰の法

法シリーズ
第24巻

地球神エル・カンターレとは

さまざまな民族や宗教の違いを超えて、地球をひとつに──。文明の重大な岐路に立つ人類へ、「地球神」からのメッセージ。

2,200円

メシアの法

「愛」に始まり「愛」に終わる

「この世界の始まりから終わりまで、あなた方と共にいる存在、それがエル・カンターレ」──。現代のメシアが示す、本当の「善悪の価値観」と「真実の愛」。

2,200円

永遠の仏陀

不滅の光、いまここに

すべての者よ、無限の向上を目指せ──。大宇宙を創造した久遠の仏が、生きとし生けるものへ託した願いとは。

1,980円

〔携帯版〕

1,320円

〔携帯版〕

※表示価格は税込10%です。

大川隆法ベストセラーズ・世界正義とは何か

真実を貫く

人類の進むべき未来

混迷する世界情勢、迫りくる核戦争の危機、そして誤った科学主義による唯物論の台頭……。地球レベルの危機を乗り越えるための「未来への指針」が示される。

1,760円

正義の法

憎しみを超えて、愛を取れ

テロ事件、中東紛争、中国の軍拡──。どうすれば世界から争いがなくなるのか。あらゆる価値観の対立を超える「正義」とは。

2,200円

愛は憎しみを超えて

中国を民主化させる日本と台湾の使命

中国に台湾の民主主義を広げよ──。この「中台問題」の正論が、アジアでの戦争勃発をくい止める。台湾と名古屋での講演を収録した著者渾身の一冊。

1,650円

自由・民主・信仰の世界

日本と世界の未来ビジョン

「自由」とは?「民主主義」とは? そして人権の最後の砦となる「信仰」とは何か──。この一冊に、人類の未来を切り拓く鍵がある。

1,650円

※表示価格は税込10%です。

大川隆法ベストセラーズ・死後の世界の真実

永遠の法

法シリーズ 第3巻

エル・カンターレの世界観

すべての人が死後に旅立つ、あの世の世界。天国と地獄をはじめ、その様子を明確に解き明かした、霊界ガイドブックの決定版。

2,200 円

地獄の法

あなたの死後を決める「心の善悪」

どんな生き方が、死後、天国・地獄を分けるのかを明確に示した、姿を変えた『救世の法』。現代に降ろされた「救いの糸」を、あなたはつかみ取れるか。

2,200 円

地獄に堕ちないための言葉

死後に待ち受けるこの現実にあなたは耐えられるか？ 今の地獄の実態をリアルに描写した、生きているうちに知っておきたい100の霊的真実。

1,540 円

死んでから困らない生き方

スピリチュアル・ライフのすすめ

この世での生き方が、あの世での行き場所を決める──。霊的世界の真実を知って、天国に還る生き方を目指す、幸福生活のすすめ。

1,430 円

※表示価格は税込10%です。

大川隆法ベストセラーズ・幸福な人生を拓くヒント

幸福の科学の十大原理（上巻・下巻）

世界172カ国以上に信者を有する「世界教師」の初期講演集。幸福の科学の原点であり、いまだその生命を失わない熱き真実がここに。

各1,980円

自も他も生かす人生

あなたの悩みを解決する「心」と「知性」の磨き方

自分を磨くことが周りの人の幸せにつながっていく生き方とは？　悩みや苦しみを具体的に解決し、人生を好転させる智慧が説き明かされた中道的人生論。

1,760円

自分を鍛える道

沈黙の声を聞き、本物の智慧を得る

成功を持続させる極意がここに。本書の題名どおり、「自分を鍛える道」そのものの人生を生きてきた著者が明かす、「知的生産」の源泉と「創造」の秘密。

1,760円

幸福の科学の本のお求めは、
お電話やインターネットでの通信販売もご利用いただけます。

フリーダイヤル **0120-73-7707**（月～土 9:00～18:00）

幸福の科学出版公式サイト　幸福の科学出版
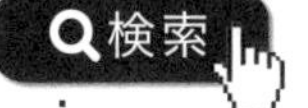

https://www.irhpress.co.jp

幸福の科学グループのご案内

宗教、教育、政治、出版などの活動を通じて、地球的ユートピアの実現を目指しています。

幸福の科学

一九八六年に立宗。信仰の対象は、地球系霊団の最高大霊、主エル・カンターレ。世界百七十二カ国以上の国々に信者を持ち、全人類救済という尊い使命のもと、信者は、「愛」と「悟り」と「ユートピア建設」の教えの実践、伝道に励んでいます。

（二〇二四年九月現在）

愛

幸福の科学の「愛」とは、与える愛です。これは、仏教の慈悲（じひ）や布施（ふせ）の精神と同じことです。信者は、仏法真理をお伝えすることを通して、多くの方に幸福な人生を送っていただくための活動に励んでいます。

悟り

「悟り」とは、自らが仏の子であることを知るということです。教学（きょうがく）や精神統一によって心を磨き、智慧（ちえ）を得て悩みを解決すると共に、天使・菩薩（ぼさつ）の境地を目指し、より多くの人を救える力を身につけていきます。

ユートピア建設

私たち人間は、地上に理想世界を建設するという尊い使命を持って生まれてきています。社会の悪を押しとどめ、善を推し進めるために、信者はさまざまな活動に積極的に参加しています。

幸福の科学の教えをさらに学びたい方へ

心を練る。叡智を得る。
美しい空間で生まれ変わる——
幸福の科学の精舎

幸福の科学の精舎は、信仰心を深め、悟りを向上させる聖なる空間です。全国各地の精舎では、人格向上のための研修や、仕事・家庭・健康などの問題を解決するための助力が得られる祈願を開催しています。研修や祈願に参加することで、日常で見失いがちな、安らかで幸福な心を取り戻すことができます。

総本山・正心館

総本山・未来館

総本山・日光精舎

総本山・那須精舎

東京正心館

全国に27精舎を展開。

運命が変わる場所 ——
幸福の科学の支部

幸福の科学は1986年の立宗以来、「私、幸せです」と心から言える人を増やすために、世界各地で活動を続けています。
国内では、全国に400カ所以上の支部が展開し、信仰に出合って人生が好転する方が多く誕生しています。
支部では御法話拝聴会、経典学習会、祈願、お祈り、悩み相談などを行っています。

海外支援・災害支援

幸福の科学のネットワークを駆使し、世界中で被災地復興や教育の支援をしています。

毎年２万人以上の方の自殺を減らすため、全国各地でキャンペーンを展開しています。

公式サイト **withyou-hs.net**

自殺を減らそうキャンペーン

自殺防止相談窓口

受付時間　火〜土:10〜18時（祝日を含む）

TEL **03-5573-7707** メール **withyou-hs@happy-science.org**

視覚障害や聴覚障害、肢体不自由の方々と点訳・音訳・要約筆記・字幕作成・手話通訳等の各種ボランティアが手を携えて、真理の学習や集い、ボランティア養成等、様々な活動を行っています。

公式サイト **helen-hs.net**

入会のご案内

幸福の科学では、主エル・カンターレ 大川隆法総裁が説く仏法真理をもとに、「どうすれば幸福になれるのか、また、他の人を幸福にできるのか」を学び、実践しています。

仏法真理を学んでみたい方へ

主エル・カンターレを信じ、その教えを学ぼうとする方なら、どなたでも入会できます。入会された方には、『入会版「正心法語」』が授与されます。

入会ご希望の方はネットからも入会申し込みができます。

happy-science.jp/joinus

信仰をさらに深めたい方へ

仏弟子としてさらに信仰を深めたい方は、仏・法・僧の三宝への帰依を誓う「三帰誓願式」を受けることができます。三帰誓願者には、『仏説・正心法語』『祈願文①』『祈願文②』『エル・カンターレへの祈り』が授与されます。

幸福の科学 サービスセンター
TEL 03-5793-1727
（受付時間／火〜金：10〜20時 土・日祝：10〜18時（月曜を除く））

幸福の科学 公式サイト
happy-science.jp

幸福実現党

内憂外患(ないゆうがいかん)の国難に立ち向かうべく、2009年5月に幸福実現党を立党しました。創立者である大川隆法党総裁の精神的指導のもと、宗教だけでは解決できない問題に取り組み、幸福を具体化するための力になっています。

幸福実現党　党員募集中

あなたも幸福を実現する政治に参画しませんか。

＊申込書は、下記、幸福実現党公式サイトでダウンロードできます。
住所：〒107-0052
東京都港区赤坂2-10-8 6階 幸福実現党本部

TEL 03-6441-0754　FAX 03-6441-0764
公式サイト hr-party.jp

HS政経塾

大川隆法総裁によって創設された、「未来の日本を背負う、政界・財界で活躍するエリート養成のための社会人教育機関」です。既成の学問を超えた仏法真理を学ぶ「人生の大学院」として、理想国家建設に貢献する人材を輩出するために、2010年に開塾しました。これまで、多数の地方議員が全国各地で活躍してきています。

TEL 03-6277-6029
公式サイト hs-seikei.happy-science.jp

ハッピー・サイエンス・ユニバーシティ

Happy Science University

ハッピー・サイエンス・ユニバーシティとは

ハッピー・サイエンス・ユニバーシティ（HSU）は、
大川隆法総裁が設立された「日本発の本格私学」です。
建学の精神として「幸福の探究と新文明の創造」を掲げ、
チャレンジ精神にあふれ、新時代を切り拓く人材の輩出を目指します。

人間幸福学部　経営成功学部　未来産業学部

HSU長生キャンパス TEL **0475-32-7770**
〒299-4325　千葉県長生郡長生村一松丙 4427-1

未来創造学部

HSU未来創造・東京キャンパス
TEL **03-3699-7707**
〒136-0076　東京都江東区南砂2-6-5　公式サイト **happy-science.university**

学校法人 幸福の科学学園

学校法人 幸福の科学学園は、幸福の科学の教育理念のもとにつくられた教育機関です。人間にとって最も大切な宗教教育の導入を通じて精神性を高めながら、ユートピア建設に貢献する人材輩出を目指しています。

幸福の科学学園

中学校・高等学校（那須本校）
2010年4月開校・栃木県那須郡（男女共学・全寮制）
TEL **0287-75-7777** 公式サイト **happy-science.ac.jp**

関西中学校・高等学校（関西校）
2013年4月開校・滋賀県大津市（男女共学・寮及び通学）
TEL **077-573-7774** 公式サイト **kansai.happy-science.ac.jp**

仏法真理塾「サクセスNo.1」

全国に本校・拠点・支部校を展開する、幸福の科学による信仰教育の機関です。小学生・中学生・高校生を対象に、信仰教育・徳育にウエイトを置きつつ、将来、社会人として活躍するための学力養成にも力を注いでいます。

TEL 03-5750-0751(東京本校)

エンゼルプランV

東京本校を中心に、全国に支部教室を展開。信仰をもとに幼児の心を豊かに育む情操教育を行い、子どもの個性を伸ばして天使に育てます。

TEL 03-5750-0757(東京本校)

エンゼル精舎

乳幼児が対象の、託児型の宗教教育施設。エル・カンターレ信仰をもとに、「皆、光の子だと信じられる子」を育みます。
(※参拝施設ではありません)

不登校児支援スクール「ネバー・マインド」

TEL 03-5750-1741

心の面からのアプローチを重視して、不登校の子供たちを支援しています。

ユー・アー・エンゼル!(あなたは天使!)運動

障害児の不安や悩みに取り組み、ご両親を励まし、勇気づける、障害児支援のボランティア運動を展開しています。

一般社団法人 ユー・アー・エンゼ

TEL 03-6426-7797

NPO活動支援

学校からのいじめ追放を目指し、さまざまな社会提言をしています。また、各地でのシンポジウムや学校への啓発ポスター掲示等に取り組む一般財団法人「いじめから子供を守ろうネットワーク」を支援しています。

公式サイト mamoro.org ブログ blog.mamoro.org

相談窓口 TEL.03-5544-8989

百歳まで生きる会~いくつになっても生涯現役~

「百歳まで生きる会」は、生涯現役人生を掲げ、友達づくり、生きがいづくりを通じ、一人ひとりの幸福と、世界のユートピア化のために、全国各地で友達の輪を広げ、地域や社会に幸福を広げていく活動を続けているシニア層(55歳以上)の集まりです。

【サービスセンター】TEL 03-5793-1727

シニア・プラン21

「百歳まで生きる会」の研修部門として、心を見つめ、新しき人生の再出発、社会貢献を目指し、セミナー等を開催しています。

【サービスセンター】TEL 03-5793-1727

幸福の科学出版

大川隆法総裁の仏法真理の書を中心に、ビジネス、自己啓発、小説など、さまざまなジャンルの書籍・雑誌を出版しています。他にも、映画事業、文学・学術発展のための振興事業、テレビ・ラジオ番組の提供など、幸福の科学文化を広げる事業を行っています。

アー・ユー・ハッピー？
are-you-happy.com

ザ・リバティ
the-liberty.com

幸福の科学出版
TEL **03-5573-7700**
公式サイト **irhpress.co.jp**

YouTubeにて随時好評配信中！

ザ・ファクト

マスコミが報道しない
「事実」を世界に伝える
ネット・オピニオン番組

公式サイト **thefact.jp**

ニュースター・プロダクション

「新時代の美」を創造する芸能プロダクションです。多くの方々に良き感化を与えられるような魅力あふれるタレントを世に送り出すべく、日々、活動しています。 公式サイト **newstarpro.co.jp**

ARI Production

ARI Production

タレント一人ひとりの個性や魅力を引き出し、「新時代を創造するエンターテインメント」をコンセプトに、世の中に精神的価値のある作品を提供していく芸能プロダクションです。 公式サイト **aripro.co.jp**